Le Paste
Speciali di Fabio

出汁と素材の味を最大限に引き出す

ファビオのとっておきパスタ

ファビオ 著

ナツメ社

introduzione

料理を作る上で
僕が大切にしていること・ルーツ

料理とは、すでにどこかに存在しているものがほとんどで、世界にはまだ見ぬ食材や調味料が無数にあり、日本全国にも、日々探求していても知らない宝がたくさん眠っていて、果てしないもの。

今の僕の料理に対する考え方は、お世話になった先人シェフたちの思考のインスパイアの集大成です。

昔から、一つのことにハマったらずっと飽きずに続けることができる性格でした。イタリア料理と出会ったのは、父の仕事場を頼りに、初めてローマを訪れた16歳のとき。右も左もわからないローマの街で、市場を駆け巡り、知り合いに料理を振るまったときに、心から喜んでもらえたこと。その当時、成功体験が少なかった僕にとって、小さな自信と一筋の光を当ててくれた存在が料理でした。それから、現地のレストランで食べた、素朴だけど心に響く料理とカルチャーに、ひどく感銘を受けた経験が、料理人を志した理由です。団体行動が苦手で、日本の義務教育は正直辛く、なじめなかった僕にとって、イタリアに居場所を見つけ、料理にハマっていくのにそう時間はかかりませんでした。自然に言語とカルチャーも勉強していき、どんどんイタリアの魅力に引き込まれていった少し変わった少年だったと思います。

僕にとって、料理とは生きることそのもの。

大切な人や料理を通して、関わった人の笑顔を見れたときがいちばんの幸せ。

シェフの仕事は、食を通して人と人を笑顔でつなぐことができる最高のツールであり、食の豊かさや文化を学び、料理を作る上で自己表現することができます。まさに、音楽を協奏させるオーケストラの指揮者に似ていると思っています。

ドイツでの修業を経て、イタリア時代は生き方や、圧倒的なセンスのよさと、無駄なものを省く潔さを学びました。イタリア料理もそれに通ずるものが多く、引き算の料理だと感じています。イタリアの厨房でよく聞いていたmateria prima＝素材、という意味のイタリア語には、食材を無駄なく使い尽くすイタリア料理の精神が秘められていて、その精神は料理のベースでもあり、今でも僕の胸に刻まれているのです。

イタリア料理の歴史を作ってきたパスタ料理は、2000年以上の歴史があり、その種類も無数にあります。その魅力にどっぷり浸かってきた僕だからこそ紹介できる、少しマニアックだけど、ポイントを押さえれば、別次元においしくなるパスタ料理をこの本で惜しみなく紹介します。一人でも多くの人たちに作ってもらい、その食べた人の笑顔が増えてくれることが、僕の夢であり原動力です。

2021年7月　ファビオ

Contents

002 introduzione　料理を作る上で僕が大切にしていること・ルーツ

006 ファビオの料理哲学

【基本のパスタ仕事】
012 塩の炒り方・こしょうの炒り方
013 にんにくの切り分け
014 ソフリット
015 自家製サルシッチャ／モッリーカ（カリカリパン粉）／にんにくオイル
016 パスタのおいしさはブロードにあり
017 鶏のブロード
018 トリッパのブロード／グアンチャーレのブロード
019 野菜のブロード／昆布のブロード／フェンネルのブロード
020 魚のブロード／あさりのブロード／いかのブロード
　　えびのブロード／あさりとかつおのブロード／いか墨のブロード

Part 1

Pasta all'olio　オイル系パスタ

023 オイルソースと乳化ソースの基本構成とポイント
024 カリフラワーのペペロンチーノ
028 スパゲッティアッレボンゴレ
030 ハーブいか墨ペペロンチーノ
032 生青のりのペペロンチーノ
033 キャベツとアンチョビのペペロンチーノ
034 やりいかと魚醤バターのタリオリーニ
036 牡蠣とごぼうのペペロンチーノ
038 千両なすと甘えびのタルタルスパゲットーニ
040 自家製サルシッチャと赤玉ねぎのピーチ
041 イタリアンパセリのチェタレーゼ

042 ファビオのパスタ論　その一皿が生まれるまでの話（1）

Part 2

Pasta al pomodoro　トマト系パスタ

045 トマトソースの基本構成とポイント
046 丸ごとトマトのスパゲッティーニ
050 濃厚トマトのスパゲッティ
052 まぐろとサフランのパン粉カサレッチェ
054 瞬間燻製いわしとパプリカのアラビアータ
055 にんにくトマトのスパゲッティーニ
056 ンドゥイヤのアラビアータ
058 ペスカトーレ
060 ブカティーニアマトリチャーナ
062 ソレント風ミニトマトのスパゲッティーニ
063 トマトペーストとアンチョビのスパゲッティーニ

【手打ち生パスタの基本】
064 タリアテッレ／ピーチ
066 ロンブリケッリ
067 小麦粉のニョッキ
068 タリオリーニ／フェットゥッチャ
070 カッペリーニ

071　パッパルデッレ／マルタリアーティ

072　ファビオのパスタ論　その一皿が生まれるまでの話（2）

Part 3

Pasta alla crema　クリーム系パスタ

075　クリームソースの考え方とポイント
076　カッチョエペペ
080　えびのトマトクリームリングイーネ
082　北欧風たらこクリーム
084　サーモンとのりクリームのマッケローニ
086　クリームベースペペロンチーノ
090　メッツェマニケの卵黄カルボナーラ
092　全卵カルボナーラ

Part 4

Pasta per l'ospitalità　おもてなしパスタ

095　煮込み・創作・冷製ソースの考え方とポイント
【煮込みソース】
096　ボロネーゼ
100　パッパルデッレのカッチャトーラ
102　トリッパとれんこんのマルタリアーティ
【創作ソース】
104　魚介のミネストラ
108　ロンブリケッリのだしボンゴレ
110　明太子パスタ
112　ポルチーニのコンソメパスタ
113　だしボナーラ
【冷製ソース】
114　まぐろとフルーツトマトのカッペリーニ
116　はまぐりとすだちの冷製パスタ
117　するめいかとズッキーニの冷製ジェノヴェーゼ

118　オイルと調味料、食材のこと
120　道具にこだわればワンランク上のおいしさを味わえる
122　in conclusione　あなたの料理をよりおいしくさせ、食べた人の笑顔を作り出したい

124　食材別・パスタ別さくいん
127　ENCICLOPEDIA ALIMENTARE

この本の使い方

●材料は2人分を基本としています。
●計量単位は大さじ1＝15㎖、小さじ1＝5㎖、1カップ＝200㎖です。
●「少々」は小さじ1/6未満を、「適量」はちょうどよい量を入れること、「適宜」は好みで必要があれば入れることを示します。
●野菜類は特に記載のない場合、皮をむくなどの下処理を済ませてからの手順を説明しています。
●Exオリーブオイルはエキストラバージンオリーブオイルを示しています。
●材料で使用している食品はファビオ氏推奨のものです。食材、調味料に関してはP118とP127を参考にしてください。
●本書のレシピで使用しているパスタは、手に入りにくいもの

もあります。その場合は、代用できるパスタを紹介していますので、そちらを使用してください。
●バターはカルピスバターを使用しています。有塩バターを使う場合は、調理中の塩分量を調整してください。
●裏ごしトマトはパッサータディポモドーロを使用しています。別のものを使う場合は、1％のきび砂糖を加えてから使用してください。
●味つけの際は粟国の塩、パスタをゆでる際は海塩を使用しています。
●粗びき黒こしょうはマリチャ社のアロマティコ、燻製粗びき黒こしょうはマリチャ社のカーモを挽いて使用しています。
●レシピ名で表記しているイタリア語は、食材名をメインに表記しています。

La filosofia culinaria di Fabio

ファビオの料理哲学

この本を手に取る際
意識してほしいこと

　僕が試作して数字を出したこのパスタ料理たちと、貴方が作ろうとしている料理が同じでも、その食材の微妙な個体差やその日の体のコンディションによって感じ方は様々です。まず、料理は一つとして同じものは存在しないということ、忙しい現代社会で生きていると当たり前のことを特に忘れがちです。常に命あるものをいただいているということを忘れてはなりません。全てに個体差があり、水分量が違えば、味つけする量も必然的に変わってきます。まずは食材を触り、目で確認し、必ず味見をすること。レシピ本の数字はあくまでも目安という感覚を持つことが大切です。その料理を作る段階から、すでに貴方の料理なのだから。

自分の舌のレベルを
食べ歩きで研ぎ澄ませる

　おいしい味に日頃から触れていなければ、その味を体験したことがなければ、そのベクトルの味を生み出すことすらできないと思っています。「料理人は腕を磨くと同時に、舌のレベルも上げていかなければ、いい料理は作れない」。そう自分に言い聞かせ続けながら、10代の頃から、身の丈に合わない高級店で自己投資をしてきました。自分が日頃、口に入れるものも然りです。大切な料理を作る前々から、体調やコンディションを整える、大一番の料理を作るときは睡眠をしっかりとるなど、そのような意識を日々積み重ねられるかどうかも、おいしい料理につながってくると思うのです。

僕が考えるおもてなしとは

　お店やパーティ、友達の集まりや不特定多数の新規のゲストの前で、かっこつけた料理を振る舞うということではなく、家族や大切な恋人など、ごく身近な人をあえて特別におもてなししたい！というのが「おもてなし」だと思っています。このご時世、外へ食事に行く機会が減ってしまっている分、大切な人のために、特別な時間（料理）を設け、幸せの循環を作っていくことが、忙しい現代社会を生きる私たちの、一番の癒しになるのだと、僕は常々思います。

僕が思うパスタ料理

　イタリア料理といえば、小麦粉主体の料理だと思います。料理にも、デザートにもふんだんに使われるイタリアの恵み。素朴で重たいと言われればそうなのかもしれませんが、そこがいいところでもあるのです。これでもかと、太麺を噛みしめる幸せを感じながら、小麦の香りを楽しむことこそが、僕の思う最高のパスタ料理のあり方です。

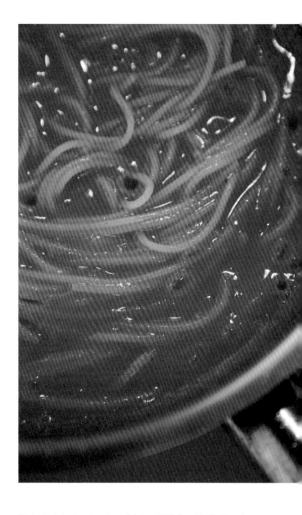

乾燥パスタは
表面の質感で使い分ける

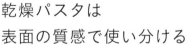

　パスタの歴史は約2000年前から存在していて、パスタの種類を数えると約650種あると言われています。乾燥パスタとは、デュラムセモリナ粉と水を練って乾かしたパスタを指します。生パスタと違い、伸びにくく歯切れのよさが特徴です。その中でも表面の質感で種類を分けることができます。穴の空いた型から生地を押し出すことにより作られること、この穴をダイスと言います。ダイスには2種類あって、ブロンズダイスまたはルヴィダ、テフロンダイスまたはリッシャと言います。
　ブロンズダイスは摩擦が大きいダイスなので、

押し出されたパスタの表面には細かい凹凸ができ、ザラザラした質感に仕上がるのが特徴です。表面がザラザラしているのでソースが絡みやすく、トマトソースやクリームソースなどの重めのソースとの相性がよいものですが、シンプルなパスタほど、小麦の香りを楽しむこともできます。
　テフロンダイスはイタリア最大の食品会社であるバリラ社が開発しており、名前の通りテフロンを使用したダイスを使ってパスタを押し出します。ダイス自体が摩耗しにくいですし、摩擦が小さいので麺の表面がツルッとした質感に仕上がるのが特徴です。オイルベースやあっさりとしたソースと合わせるのがおすすめです。和風パスタを作る際も、とても相性がよいです。

Pasta corta

01 コンキリエ
貝殻のような形状をした1〜2cmぐらいのパスタ。ソースがしっかり絡む。

02 ルマコーニ
かたつむりの殻の形が特徴のショートパスタ。生地が厚く、食べ応えがある。

03 リガトーニ
長さ4〜8cmぐらいの筒状のパスタ。表面にすじが入っているのでソースの絡みがよい。

04 メッツェマニケ
太さが2〜3cmぐらいの円筒状で「半袖」の意味を持つパスタ。クリーム系、トマト系に。

05 パスタミスタ
ざまざまな形のパスタが混ざったナポリ地域のパスタ。それぞれの歯ごたえが楽しい。

06 フジッリ
くるくるとらせん状に巻いたパスタ。ソースが絡みやすい。サラダやスープに合わせても。

07 カサレッチェ
シチリア地方で生まれたパスタで、S字の断面が特徴。もっちりとした食感がおいしい。

08 ペンネリガーテ
表面にすじが入ったペン先を語源とするペンネ。濃厚なトマトソースやクリームソースに。

Pasta lunga

01　いか墨スパゲッティ

いか墨を使用したイタリア産の真っ黒なスパゲッティ。オイル系、魚介系ソースに合う。

02　フェデリーニ1.3mm（ブロンズ加工）

スパゲッティーニより細く、断面が円形のロングパスタ。ブロンズ加工でソースが絡む。

03　ブカティーニ2.7mm（ブロンズ加工）

シチリア発祥の中心に空洞のあるロングパスタ。太さは2〜3mmと太めのものが多い。

04　スパゲッティーニ1.6mm（ブロンズ加工）

スパゲッティより細いのがスパゲッティーニ。日本でよく食べられているタイプ。

05　リングイーネ（ブロンズ加工）

断面が楕円形のロングパスタ。平たい形なのでソースの味がのりやすく、もちもち食感。

06　スパゲッティーニ1.6mm（テフロン加工）

表面がつるつるしたタイプのロングパスタ。オイル系や軽めのトマト系ソースなどに合う。

07　スパゲッティ1.9mm（ブロンズ加工）

断面が円形で直径2mm程度のロングパスタ。どんなソースとも相性がよく使いやすい。

08　キタッラ

木箱にギターの弦のような針金を張って製麺する。断面は四角で煮込みソースと合う。

09　スパゲットーニ2.2mm（ブロンズ加工）

スパゲッティよりも太いロングパスタのこと。もちもちとした食感で食べ応えがある。

パスタのゆで論

　パスタをゆでる際に意識していることは、いかにパスタ自体にストレスを与えないようにできるかということです。まず大切なのが、パスタをゆでる水。ミネラルウォーターなど、おいしい水でゆでるのがおすすめです。

　お店の場合、寸胴や大きな鍋でパスタをゆでます。その理由は、湯を対流させるようにゆでることにより、パスタ同士が擦れず、ダメージが少ない状態に仕上げられるからです。

　ただ現実的には、大量の水を使わざるを得ないため、水道水でゆでることになります。水道水の残留塩素やカルキ臭を抜くためには、炭を入れて一晩おくと、炭の力で匂いがとれておいしい水になります。これは、炭に含まれているミネラル成分が水に溶けるためです。

　そして旨味が強い天然の天日海塩を入れ（約1.5パーセント以上）、湯を味見しただけでおいしいと感じる状態を作ります。その湯でパスタをゆでることにより、パスタ単体で食べてもおいしい状態に持っていきます。パスタ1本1本にしっかりとした下味をつけるイメージで、ゆでる意識が大切です。

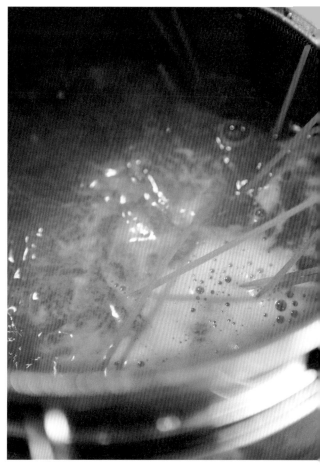

手打ちの生パスタは、基本、浮き上がってきたらゆで上がりの目安。

ゆでる温度帯は、乾麺の種類によって変えていく

　テフロン加工のパスタは、ツルツルしていて耐性がしっかりとしているため、沸騰した状態でゆでても問題ありませんが、特にブロンズ加工の乾麺は、断面がザラザラとしていて、水を吸いやすいので、約90℃の温度帯の湯の中で緩やかに対流させながらゆでましょう。ダメージが少ない状態でゆでることができます。

火加減と仕上げの
温度帯のこと

　僕は基本的に強火を使いません。こういうと語弊が生じますが、火力というものは、場所によって違うものです。レストランのガス火と家庭のガス火では、もちろん馬力が全く違います。ですから、火の大きさで例えてしまうと、料理の仕上がりも全く変わってきてしまいます。

　僕の言う「火の強さ」とは、火そのものの大きさではなく、そのフライパンの中の温度帯を指します。一番大切にしていることは、食材にストレスを与えないようにゆっくりと火入れをし、食材の中の温度帯を徐々に適温に持っていき、食材を起こしてあげるイメージで火入れをすることです。

　料理を作るときは必ず、最終的にゲストの口に入るときの温度帯を逆算して、提供温度を整えます。大切なのはお皿をウォーマーなどでしっかりと温めたところに、熱々の料理を盛ること。そして料理を運ぶ時間も計算に入れることです。現代では、写真を撮るゲストも多いため、その時間も考慮すると、必然的にこの熱々の仕事が、シズル感へとつながり、感動を呼ぶのです。

ソースにゆで上がったパスタを加え、ゴムベラで１〜２分混ぜながら、ソースを吸わせる。冷製パスタは、氷にあてながら、ゆっくりとソースを吸わせる。

盛りつけの流儀

　パスタ料理を盛りつける際、麺の種類や太さによって、盛りつけに使うピンセットの太さを合わせます。合わせることにより、パスタが巻きやすくなり、きれいに盛りつけることができます。また、パスタのテーマ、創作なのか、伝統なのかにより、盛り方も変わってきます。

　例えば
　伝統パスタ＝豪快なイメージから、トングで大胆に盛りつける
　創作パスタ＝繊細なイメージからピンセットで盛りつける

　ピンセットで盛る際のレードルの大きさは、最小120〜200mℓのサイズのものを使うときれいに盛りつけられます。盛りつけをする際は、呼吸を止めて全集中すると、的を外さず美しく盛ることができると思います。

基本のパスタ仕事

旨味、香りを大切にする僕の料理になくてはならないベースの仕事。
パスタを極上の味に仕上げるための、パスタ仕事をご紹介します。

塩の炒り方

フライパンに塩を入れ、中〜強火で加熱して炒る（a）。フライパンから音がパチパチとし、塩の水分が飛んでサラサラになったら（b）バットに上げ、冷ましてから使用する。

> **POINT** 塩の中にある水分を飛ばし、旨味を凝縮させる仕事。精製されたようにサラサラになる。

こしょうの炒り方

フライパンに黒こしょう（ホール）を入れ、弱〜中火で加熱してフライパンをふりながら、徐々に温度が上がるように温める（a）。フライパンが温まってから1〜2分して香りが立ったらボウルに上げる（b）。冷めたらミールに入れ、使用する都度炒る。

> **POINT** ローストし、香りを立たせる仕事。

塩、こしょうを炒る、にんにくの切り分け、ソフリット作りなど、どれも欠かせない仕事

塩を炒って焼き塩にすると、水分が飛び、旨味が凝縮し、まろやかでやさしい口当たりになります。焼き塩はサラサラしているので、料理の塩味も細部まで丁寧な仕事が可能。この焼き塩で下味をつけ、素材の旨味を引き出します。こしょうなどのスパイス類はホールのまま炒ることでより香ばしい香りを立たせ、ミールなどに入れて香りを閉じ込め、その都度使います。また、パスタの味のベースになるにんにく。自分がイメージするパスタ料理の印象によってにんにくの種類を使い分けます。本書では風味や香りが柔らかい国産にんにくを使用しています。なぜなら、切り方によって力強さの微調整がしやすいから。ソースのメイン食材の形に合わせてスライスやせん切りにするなど、自由自在に切り分けます。

にんにくの切り分け

パンチの効いた料理にしたいなら、包丁で繊維をわざと潰すように切ります。一方で、寄り添わせる程度の料理にしたいなら、丁寧に正六面体に切ります。

皮をむく

中心部に包丁を入れる。七分目まで入れると繊維質があるので、パカッと開き、皮がぺろりとむける。

芽を取り除く

包丁を両側に入れ、芽を持ち上げて取り除く。その芽は皮に入れておくと、そのまま捨てられる。

軽く潰す

割れないように軽く包丁で叩く。

スライスする

繊維を断ち切るように切る。押し切りで潰すように切るとよい。

きれいなみじん切り

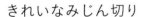

芯のついてない方のにんにくを使う。端を切り落として（a）立たせてからスライスし、包丁の刃先を使って細切りにし、端から薄くきれいに切る（b）。

> **POINT**

上品な香りを出すときに。細かければ細かい方がいいというわけでなく、自分が目指す料理の方向性によって使い分ける。

粗みじん切り

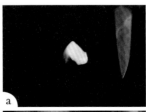

芯を取って割れている方のにんにくを使う（a）。包丁の刃元を使ってより細か目のみじん切りにする（b）。

> **POINT**

ペースト、調味料というイメージ。オイルの中ににんにくのエキスをより多く抽出できるので、にんにくオイルを作るときにもおすすめ。

ソフリット

ソフリットとは、日本のみそのような役割を果たすイタリアの旨味調味料。加熱して野菜の外の水分と中の水分が抜けてきたら、野菜の糖分がフライパンについて、カラメル化されます。それがソフリットの甘味であり、旨味になります。ソフリットは調味料なので、塩をしっかりして、オイルを加えて揚げ焼きにして仕上げます。潰し切りではなく、きれいに丁寧に時間をかけて切るのがポイント。スープやパスタのソースの素にもなります。

材料（作りやすい分量）

セロリ・にんじん…各1本
玉ねぎ…1個
天然塩…適量
Exオリーブオイル…40㎖＋適量

作り方

1 セロリは茎と根を切り離し、ピーラーで外側の皮をきれいにむく。筋は包丁で持ち上げながら、きれいに取る（a）。包丁をゆっくり丁寧に引きながら薄めに切ったら、横に揃えてさらに端から切ってみじん切りにする（b）。

2 にんじんはピーラーで皮をむき、斜め薄切りにする（c）。重ねて端から細く切り、横に揃えてさらに端から丁寧に切ってみじん切りにする。

3 玉ねぎは半分に切り、さらに半分に切ってから芯をつけたままスライスする。スライスしたら倒して中の部分を外し、芯の部分も取り除く（d）。倒して揃えたら、包丁の向きを変えながら、端から丁寧に切ってみじん切りにする（e）。

4 フライパンに野菜、塩を入れて（f）、火をつけずに塩を全体に回す（g）。

5 Exオリーブオイル40㎖を回し入れて中〜強火にかけ、そのまま触らずにおく（h）。

6 フライパンの野菜の音が高い音から低くなってきたら、火を弱める（i）。

7 焦げついて野菜の糖分がカラメル状になってきたら軽く混ぜる（j）。

8 水分が出ている音からパチパチとした油の音に変わったら、Exオリーブオイル適量を足し、全体にバランスよく火入れされるように、時々混ぜて水分を飛ばしながら20分ほど炒め、揚げ焼きにする（k）。

9 油はペーパータオルで拭き取り、野菜だけで使う（l）。

自家製サルシッチャ

(材料と作り方（7本分）)

1　豚肩ロース肉500gは塩を軽くして（a）10分ほ
　ど冷蔵庫におき、脱水させる。ペーパータオル
　で水けを拭き取る。

2　黒こしょう3g、フェンネルシード2gをミル
　でひき、みじん切りにしたローズマリー1本分
　と合わせておく（b）。

3　冷蔵庫から出したての豚肩ロース肉をフード
　プロセッサー（容器の部分は直前まで冷やして
　おく）に入りやすい大きさに切ってから入れ
　（c）、塩5.5gを加え、粗く攪拌する。

4　3にきび砂糖2g、すりおろしたにんにく10g
　（d）、2を加え、ヘラでさっくり混ぜ合わせる。

5　ラップを広げて70gずつ4をおき、ソーセージ
　の形に整形して（e）包み（f）、冷蔵庫で一日
　寝かせてから使用する。

モッリーカ（カリカリパン粉）

(材料と作り方（作りやすい分量）)

1　フライパンにパン粉（天然酵母のもの）100g、レ
　モンExオリーブオイル50mlを入れて中火にかけ、
　カリカリになるまで加熱する（a）。仕上げにレ
　モンの皮適量をすりおろし（b）、炒める（c）。
　バットなどにペーパータオルを敷き、加熱したパ
　ン粉を移して油を抜き、塩適量をふる。

POINT

仕上げにプラスする香りは、レモ
ン以外のお好みの香りでOK。

にんにくオイル

(材料と作り方（作りやすい分量）)

1　にんにく20gはペーストくらいの細かさのみじん
　切りにする（a）。

2　フライパンに1、Exオリーブオイル40mlを入れ
　てひと混ぜし、極弱火にかけ、にんにくの香りを
　十分に出し、にんにくから水分を出し切るように
　ゆっくり加熱する。常にゆっくり混ぜながら泡が
　ムース状に立つようになり（b）、きつね色にな
　ったら火を止める。

3　2が冷めてスモーキーな色になったら、シノワ
　で濾し（c）、オイルだけ使う。

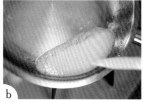

POINT

にんにくは潰すような感覚で押し、
雑に切るように叩くイメージで切
る。にんにくチップはペーパータ
オルに広げて冷ましておけばトッ
ピングとしても使える。

パスタのおいしさはブロードにあり

日本には素晴らしい出汁文化があるように、イタリアにもさまざまな出汁が存在し、ブロードと呼ばれます。フランスのブイヨンのように、時間と手間がかかる出汁の取り方とは対照的で、イタリアでは時間をかけず、風味を重視する取り方で、野菜のブロード、肉のブロード、魚介のブロード、鶏のブロードなど、無数に存在します。そんなイタリアの素材重視の出汁の取り方をリスペクトし、僕のブロードは、短時間で煮出すのが特徴です。そして、あさりとかつおのブロードなど、日本の繊細な出汁の取り方も加え、いいとこ取りをしたブロードもあります。旨味、香りを重ねる、僕のパスタ料理になくてはならない大切なベースです。ブロードを使ったパスタの感動をぜひ味わってみてください。

鶏のブロード

材料（作りやすい分量）

鶏むね肉（ミンチ）…560g
ミネラルウォーター…1.5ℓ
黒こしょう（ホール）…20粒
塩…5g
昆布…10g

作り方

1　ボウルに鶏肉を入れて塩をし（a）、ゴムベラ
　　で揉んでおく（b）。ひき肉が白っぽくなり、ゴ
　　ムベラですくって逆さにしても落ちないぐらい、
　　粘りを出す（c）。

2　1に冷たいミネラルウォーターを加えてのば
　　し（d）、黒こしょうを加える。

3　鍋に2を入れて火にかけ、ゆっくりと温度を
　　上げながら（e）、86℃まで上げ、40分ほど温
　　度をキープしながら、底に鶏肉が当たらないよ
　　うに、混ぜながら加熱する。

4　スープが透き通ってきたら（f）、火を止めて
　　昆布を加え、冷やしながら昆布の旨味を抽出さ
　　せる（g）。

5　4のスープをレードルですくいながらシノワ
　　で濾す（h）。ここで濾したものが一番出汁に
　　なる。

▷ 二番出汁の取り方

二番出汁をとる。野菜のブ
ロード（P19）750㎖を加え、
一番出汁と同じ要領で煮出
して濾す。一番出汁の状態
と違い、鶏の風味も落ちて
いるため、野菜の風味で香
りを補う。

a　　　　　　　　b

c　　　　　　　　d

e　　　　　　　　f

g　　　　　　　　h

トリッパの
ブロード

材料と作り方（700mℓ分）

1　トリッパ500ｇは２回水からゆでこぼして臭みを取り除く。にんじん１本は皮つきのまま大きめに切り、玉ねぎ½個、セロリ（葉も入れる）½本、トマト１個は大きめに切る。

2　鍋に１、水1.5ℓ、白ワイン100mℓ、パセリの茎５ｇ、レモン½個、塩20ｇ、黒こしょう（ホール）10粒を入れて中火にかける。

3　沸騰したら弱火にし、香りがしてトリッパに串を刺してすっと通るくらいまで、２時間ほどゆでる。

4　３の火を止めて昆布10ｇを加え、冷ましながら昆布の旨味を引き出す。

5　トリッパは半日ほど浸してから使用する。スープはシノワで濾し、煮込み料理のブロードとして使用する。

グアンチャーレの
ブロード

材料と作り方（200mℓ分）

1　グアンチャーレ（塩漬けにした豚肉）50ｇは短冊切りにする。玉ねぎ35ｇは繊維に逆らってスライスする。

2　小鍋にミネラルウォーター300mℓ、１、ローリエ１枚を入れて中〜強火にかけ、沸騰させる手前まで持っていき、弱火にして20分ほど煮出し、シノワで濾す。

野菜のブロード

材料と作り方（400㎖分）

1 玉ねぎ・セロリ各30gは薄切りにし、に
   んじん30gは薄い半月切りにする。

2 鍋にミネラルウォーター500㎖、1、パ
   セリの茎5g、ローリエ1枚、黒こしょ
   う（ホール）5粒を入れて中〜強火にかけ、
   沸騰させる手前まで持っていき、弱火に
   して20分ほど煮出す。

3 2をシノワで濾す。

基本の材料の他に、トマトを加えるとさらに
旨味が出る。

昆布のブロード

材料と作り方（200㎖分）

1 鍋にミネラルウォータ
   ー250㎖を入れて火にか
   け、沸騰させる手前まで
   持っていく。

2 1の火を止めて昆布10g
   を加え、冷ましながら昆
   布の旨味を引き出す。

フェンネルのブロード

材料と作り方（400㎖分）

1 鍋にミネラルウォータ
   ー500㎖、フェンネルの
   葉½株分を入れて中〜強
   火にかけ、沸騰させる手
   前まで持っていき、弱火
   にして10分ほど煮出す。

2 1をシノワで濾す。

魚のブロード

（材料と作り方（400mℓ分））

1 真鯛のあら1尾分に塩適量を強めに打ち、10分ほどおいて臭みの元になる水分を抜く。

2 鍋に水(あれば硬水のコントレックス)適量を入れて火にかけて沸かし、1を10秒ほどくぐらせて汚れと臭みを取る。

3 鍋にミネラルウォーター500mℓ、下処理したあらを入れて中火にかけ、沸騰させる手前まで持っていき、弱火にしてアクを取りながら10分ほど煮出す。必要に応じて塩適量を加える。

4 3をシノワで濾す。

えびのブロード

（材料と作り方（400mℓ分））

1 鍋に桜えび50g、ミネラルウォーター500mℓを入れ、半日浸けておく。

2 1にローリエ1枚を加えて中〜強火にかけ、沸騰させる手前まで持っていき、弱火にして15分ほど煮出す。

3 2をシノワで濾す。

あさりのブロード

（材料と作り方（400mℓ分））

1 あさり500gは3％の塩水に浸け、暗いところに1時間ほどおいて砂抜きする。真水でさっと洗い、50℃の湯に2分ほど浸け、表面の汚れと残った砂を出し切る。1時間ほどおいて乾いた状態にする。

2 鍋に1、ミネラルウォーター550mℓ、イタリアンパセリの茎10gを中〜強火にかけ、沸騰させる手前まで持っていく。

3 あさりの口が開いたら、2をシノワで濾し、あさりの殻を外して剥き身と昆布10gを加え、出汁が冷めるまで浸けておく。シノワで濾す。

あさりとかつおのブロード

（材料と作り方（400mℓ分））

1 あさりのブロードの作り方1〜2同様に作る。

2 あさりの口が開いたら、かつお節4gを加えて沸騰させ、すぐにシノワで濾す。あさりの殻を外してむき身と昆布10gを加え、出汁が冷めるまで浸けておき、シノワで濾す。

いかのブロード

（材料と作り方（200mℓ分））

1 玉ねぎ・にんじん・セロリ各10g、パセリの茎5gは薄切りにする。

2 鍋にミネラルウォーター250mℓ、するめいか(エンペラとゲソ合わせて)70g、1を入れて中〜強火にかけ、沸騰させる手前まで持っていき、弱火にして10分ほど煮出す。

3 2をシノワで濾す。

いか墨のブロード

（材料と作り方（200mℓ分））

1 にんじん、玉ねぎ、セロリ各15gは薄切にする。

2 鍋にミネラルウォーター250mℓ、するめいか(エンペラとゲソ合わせて)70g、1、パセリの茎5g、いか墨4gを入れて中〜強火にかけ、沸騰させる手前まで持っていき、弱火にして10分ほど煮出す。

3 2をシノワで濾す。

Part 1

Pasta all'olio

オイル系パスタ

オイルベースはExオリーブオイルと
液体のバランスが大切。

あらゆるパスタの基本ともいえる、技術のひとつです。パスタは、旨味、香り、甘味の3つが揃うことでおいしくなります。また、オイルソースのレシピでは、味のバランスを考えると、旨味が足りないので、魚醤など天然の旨味調味料をプラスすることにより、全体のバランスが取れ、最後までおいしく食べることができます。

オイルソースの場合： Exオリーブオイル ＋ 個体

アーリオ・オーリオ・ペペロンチーノの構成要素

Exオリーブオイル（香り） ＋ にんにく（旨味／個体） ＋ 唐辛子（辛味／個体）

＋ イタリアンパセリ（香り／個体） ＋ ゆでた麺（甘味／個体） ＋ 塩（塩味）

オイルの中に個体の香りを強めに主張させます。液体が入らない分、重い印象なので、パスタ1本1本に絡む程度に、オイルの量を最小限に抑えます。食べ終わりに皿にオイルが残らないぐらいの量が理想です。ゆで上がった乾麺が主役のパスタなので、乾麺の塩分濃度を1.5%以上でゆでます。しっかりとした塩味の湯でゆであげ、そのまま食べてもおいしい状態をあらかじめ作っておくことが大切です。

乳化ソースの場合： Exオリーブオイル ＋ 個体 ＋ 液体

クリームベースのペペロンチーノの構成要素

Exオリーブオイル（香り） ＋ にんにく（旨味／個体） ＋ 鮎の魚醤（旨味／液体）

＋ パセリ（香り／個体） ＋ ゆでた麺（甘味／個体） ＋ 塩（塩味）

オイルの中に個体の香りを柔らかく抽出させ、液体（出汁の旨味）の香りを加えます。個体が入る場合を考慮して、にんにくは基本潰して色をつけすぎないように加熱を。オイル1に対して液体2の比率で入ると、加熱を考慮した場合、乳化バランスが取れます。イタリア、スペインのにんにくは香りが強すぎるので、国産を使用することで、切り方によって香りのレベルをコントロールできます。

カリフラワーのペペロンチーノ

Cavolfiore Spaghetti Aglio

L'aroma
焦がしたカリフラワーの
焼きのりのような香り

L'aroma
カラスミのレモン
のような香り

L'aroma
イタリアンパセリの
さわやかな香り

L'aroma
芳醇なにんにくの香り

オイルベースのペペロンチーノに、
冬から春にかけて旬であるカリフラワーを
イタリア式のピュレ状にしました。
味の変化を楽しめるファビオスペシャリテ。

材料（2人分）

スパゲッティ（マンチーニ社2.2mm）…140ｇ
カリフラワー…130ｇ
にんにく（きれいなみじん切り）…16ｇ
赤唐辛子（あればカラブリア唐辛子）…1本
イタリアンパセリ…5ｇ
カラスミ（レモンチェッロ適量に漬けて1ヵ月かけて熟成させたもの）
　…適量（ボラのカラスミパウダーでもOK）
魚醤（あれば鮎の魚醤）…5㎖
天然塩…適量
Exオリーブオイル（あればロレンツォNo5）…40㎖＋適量

── Fabio Pasta Select ──

スパゲッティ2.2mm

1.9mm以上のブロンズ加工
のパスタで代用してもOK。

▷ カリフラワーピュレを作る&パスタをゆでる

① ボウルにカリフラワーを逆さにして入れ、芯に包丁を入れて回しながら取り除く。

POINT

ボウルに入れた状態で芯を取り除くので、葉が散らばらずにすむ。

② 1を小房に分け、30ｇは包丁で半割りにする。

POINT

包丁で断面がきれいになるように半割りにすることで、スライスするときスムーズに。

③ 半割りにした2は、繊維に沿ってスライサーで2mmほどにスライスする。

POINT

カリフラワーは崩れやすいので、慎重にスライスし、指先のケガにも注意する。

④

スライスしていない残りのカリフラワーは、さらに小さく切る。スパゲッティをゆでる用の湯(塩分濃度が1.4%)で完全に柔らかくなるまでゆでる。

POINT ▷

パスタをゆでるときに使う塩は、海塩がおすすめ。塩分濃度は1.4%くらいの少し濃いめにしておくと、塩をあとで足さなくても、素材の旨味で仕上げられる。カリフラワーは木べらで触るとすぐに崩れるぐらいのゆで加減に。

⑤

ゆで上がったら容器に 4 のカリフラワーとゆで汁10mlを入れ、熱いうちにブレンダーで滑らかになるまで攪拌する。

▽

4 の湯でスパゲッティをゆで始める(ゆで時間10分／P10)。

▷ ソース、トッピングを作る

⑥

フライパンににんにくと赤唐辛子を手でちぎりながら入れ、Exオリーブオイル40mlも加えて弱火にかけ、にんにくの水分を飛ばして香りを立たせる。

POINT ▷

フライパンをコンロにおいたら手前に傾け、オイルの中でにんにくと赤唐辛子が泳いでいるような状態をキープして加熱する。

⑦

粗く刻んだイタリアンパセリを加えて香りを出し、火を止めてオイルの温度を下げ、魚醤を加える。

POINT ▷

鮎の魚醤のようなやわらかい香りの調味料は、オイルの温度を下げた段階で加えることで、香りを立たせる。

3のカリフラワーをバットに広げ、塩、Exオリーブオイル適量をかける。カラスミはスライスしておく。

POINT

半生のカラスミの場合は、乾かしてから使用する。

8のカリフラワーをバーナーで焦がす。

POINT

しっかりと焦がすくらいに炙って、旨味を凝縮させ、のりのような風味を引き出す。バーナーがない場合は、直火に網をのせて炙ってもよい。

▷ 仕上げる

7を弱めの中火にかけて温め、ゆで上がったスパゲッティを加えて1分ほど和える。

POINT

フライパンについたソースをしっかり絡められるので、ゴムベラを使うとよい。ゴムベラを使うときは、やさしく混ぜて。

皿にセルクルをのせ、温めた5を敷く。その内側に一回り小さなセルクルをのせ、10を盛る。スライスしたカラスミ、9を順にのせる。

スパゲッティアッレボンゴレ

Chitarra Vongole Aglio

L'aroma
赤唐辛子
の香り

L'aroma
一味唐辛子のパプリカの
ような甘い香り

L'aroma
イタリアンパセリの
さわやかな香り

L'aroma
芳醇なにんにくの香り

Aglio olioベースに、あさりとあさりのブロードを煮詰め、
太めのスパゲッティを絡めた濃厚ボンゴレパスタです。

材料（2人分）

キタッラ（マンチーニ社2.0mm）
　…140g
あさり…300g
あさりのブロード（P20）…240ml
イタリアンパセリ…7g
にんにく（きれいなみじん切り）
　…14g

赤唐辛子（あればカラブリア唐辛子）
　…1本
ミニトマト…5個
一味唐辛子（あればぢんとら）…適量
天然塩…適量
Exオリーブオイル
　（あればロレンツォNo3）…50ml

—— Fabio Pasta Select ——

キタッラ2.0mm
1.8mm以上のブロンズ加工
のパスタで代用してもOK。

▷ 下準備

1　あさりは3％の塩水に1時間ほど浸けて砂抜きする。真水でさっと洗い、50℃の湯に2分ほど浸け（a）、表面の汚れと残った砂を出し切る。ミニトマトは半分に切り、110℃に予熱したオーブンで2時間加熱して、ドライトマトにする。イタリアンパセリは半量を粗く刻み、残りはみじん切りにする（b）。

▷ ソースを作る

2　フライパンにExオリーブオイルとにんにくを入れて弱火にかけ、にんにくから水分を出して香りを立たせる。にんにくがほんのり色づいてくる前に赤唐辛子を加え、香りを出す。

3　2にあさりを加え、蓋をせずに加熱する。あさりの口が開いたら（c）殻を外し、身は別の容器に移し、少量のあさりのブロード（分量外）を加えて保温し、ふっくらと柔らかい状態をキープする。

4　3のフライパンを弱火にかけ、フライパンに抽出したあさりのエキスとExオリーブオイルを煮詰め、旨味のベースを作る。

5　4に粗く刻んだイタリアンパセリとあさりのブロードを加え（d）、旨味のベースを伸ばしたら、火を止めておく。

▷ パスタをゆでる＆仕上げる

6　キタッラは塩分濃度1.3％の湯で袋の表記の1分30秒ほど短くゆでる（P10）。

7　6がゆで上がる30秒ほど前になったら、5を弱めの中火にかけて温め、ゆで上がった6を加え、1分ほど加熱してソースを吸わせ、乳化させる（e）。

8　盛りつけ用のピンセットに7を巻きつけ、皿に横に寝かせた状態で盛りつけ、残りのイタリアンパセリ、ドライトマト、3のあさりをのせる。仕上げに一味唐辛子をかける。

POINT

汁けが少し残っているくらいで火を止めると、盛りつけるときにちょうどよくなる。

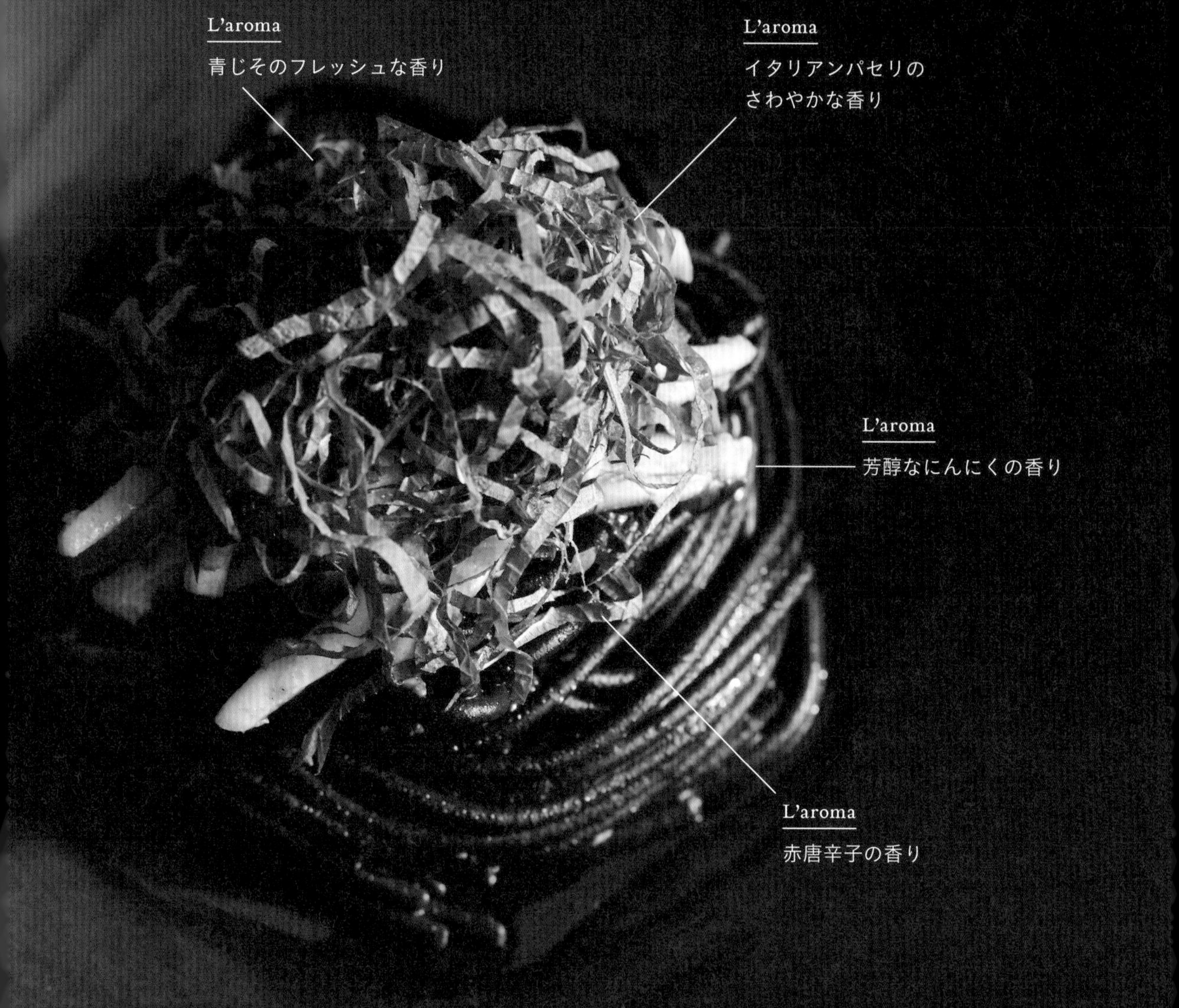

L'aroma
青じそのフレッシュな香り

L'aroma
イタリアンパセリの
さわやかな香り

L'aroma
芳醇なにんにくの香り

L'aroma
赤唐辛子の香り

ハーブいか墨ペペロンチーノ

Nero di sepia Aglio Siso

旨味の強い、いか墨ソースに爽快なハーブを合わせました。
濃厚だけど軽やかでスタイリッシュないか墨パスタ。

材料（2人分）

いか墨スパゲッティ（ラ・モリサーナ社1.7mm）…140g
するめいか（胴／冷凍）…80g
にんにく（きれいなみじん切り）…10g
赤唐辛子（あればカラブリア唐辛子）…1本
イタリアンパセリ（粗めのみじん切り）…4g
裏ごしトマト（あればパッサータディポモドーロ）…70㎖
いか墨のブロード（P20）…150㎖
魚醤（あれば鮎の魚醤）…7㎖
青じそ…6枚
天然塩…適量
Exオリーブオイル…30㎖

── Fabio Pasta Select ──

いか墨スパゲッティ
1.55〜1.66mmのテフロン加工のパスタで代用してもOK。

▷ 下準備

1 するめいかは凍ったまま胴を開いて半分に切り、細切りまたはスライスする（a）。

▷ ソースを作る

2 フライパンにExオリーブオイル、にんにく、丸のままの赤唐辛子を入れて極弱火から加熱し、香りを立たせる。

3 1を加えて炒め、火が通ったらイタリアンパセリを加えて香りを出し、裏ごしトマト、いか墨のブロード、魚醤を加え、軽く煮立たせたら火を止める。

POINT

▷ パスタをゆでる

4 いか墨スパゲッティは塩分濃度1.5％の湯でゆで始める（ゆで時間7分／P10）。

青じそは仕上がり直前にせん切りするのがよい。香りの成分が裏側についているので、内側になるようにくるくる巻く。

▷ 仕上げる

5 青じその端の部分は切り落としてからみじん切りにし、3のソースに加える。葉の部分は葉脈を取り（b）、葉の裏面が内側にくるように巻いてから（c）せん切りにする（d）。

6 ソースを中火で加熱して温め、ゆで上げたスパゲッティを加え、1分ほどソースを吸わせる。

7 皿にセルクルをのせ、6のスパゲッティ、いかを順に盛り、せん切りにした青じそをのせる。

L'aroma
昆布の
やさしい香り

L'aroma
芳醇な
にんにくの香り

L'aroma
生青唐辛子の
さわやかな香り

L'aroma
生青のりの磯の香り

生青のりのペペロンチーノ

Alganori Fettucia Peperoncino verde

軽いAgilo olioベースに、
青唐辛子の香りと生のりの磯の香りを幅広な
フェットゥッチャで合わせたパスタです。

材料（2人分）

フェットゥッチャ（P68）…140g
　（またはマンチーニ社1.8〜2.2mmのスパゲッティ）
生青のり…20g
にんにく（潰す）…20g
生青唐辛子…1本
昆布のブロード（P19）…90㎖
魚醤（あれば鮎の魚醤）…5㎖
芽ねぎ（みじん切り）…10g
天然塩…適量
Exオリーブオイル（あればロレンツォNo 3）…30㎖

1　フライパンににんにくとExオリーブオイルを入れ、弱火にかける。香りが立ったら青唐辛子を丸のまま加え、にんにくを潰しながら加熱し、香りを立てる。

2　1に昆布のブロード、魚醤を加え、温まったら火を止めておく（a）。

3　フェットゥッチャは塩分濃度1.4％の湯でゆで始める（ゆで時間2〜3分／P10）。

4　ゆで上がった3を2に加え、中〜強火にかけて1分ほど出汁を吸わせ、青のりを加えて混ぜる。

5　皿に4を盛り、芽ねぎをかける。

POINT

a

鮎の魚醤は柔らかいので温める程度にして火を止める。クセの強いナンプラーの場合は、沸騰する手前まで持っていくこと。

L'aroma
イタリアンパセリの
さわやかな香り

L'aroma
赤唐辛子の香り

L'aroma
芳醇なにんにくの香り

キャベツと
アンチョビのペペロンチーノ
Cavolo Aciughe Spaghettini

春キャベツの甘味と、アンチョビの
塩味のコントラストが楽しめます。
春キャベツでペペロンチーノを覆った、
具材が主役のパスタです。

材料（2人分）

スパゲッティ（バリラ社1.6mm）…140g
　（または1.6mmのテフロン加工のスパゲッティーニ）
アンチョビ（あればデルフィーノ社）… 5 g
にんにく（きれいな細かいみじん切り）…20g
赤唐辛子（あればカラブリア唐辛子）… 2 本
春キャベツ…50g
イタリアンパセリ（粗みじん切り）… 4 g
天然塩…適量
Exオリーブオイル…40ml＋適量

1 スパゲッティを塩分濃度1.5％の沸騰した湯でゆで始
　める（ゆで時間 7 分／P10）。

2 フライパンににんにく、Exオリーブオイル40ml、丸の
　ままの赤唐辛子を入れて弱めの中火にかける。香りが
　立ったらイタリアンパセリを加え、火を止める。

3 スパゲッティがゆで上がる 1 分前に、繊維に沿って裂
　くように 8 cm角に切ったキャベツを加えて、20秒ほ
　ど一緒にゆでたら、キャベツを取り出して軽く塩をし、
　Exオリーブオイル適量をかけてマリネしておく。

4 ゆで上がったスパゲッティを 2 に加え、火はつけずに
　和える。

5 4 を盛り、アンチョビをちぎってのせる（ a ）。キャベ
　ツは全体を覆うように広げながら、青い部分と薄い部
　分を交互にのせ、Exオリーブオイル適量をかける。

POINT

a

アンチョビはちぎって、
全体にバランスよくのせ
る。

やりいかと魚醤バターの
タリオリーニ

Caramari Taliorini Colatura di ayu

手打ちのエッジが効いた細麺のタリオリーニに
レモンオイルでマリネしたやりいかと
旨味とコクのバターソースで和えたパスタです。

L'aroma
イタリアンパセリの
さわやかな香り

L'aroma
バターの
コク深い香り

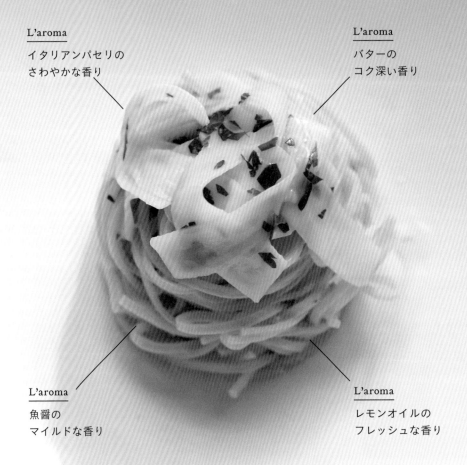

L'aroma
魚醤の
マイルドな香り

L'aroma
レモンオイルの
フレッシュな香り

材料（2人分）

タリオリーニ（P68）…140g
やりいか（胴／冷凍）…80g
イタリアンパセリ（細かめのみじん切り）…5.5g
いかのブロード（P20）…60㎖
魚醤（あれば鮎の魚醤）… 8㎖（イタリアの魚醤の場合は6㎖）
無塩バター（あればカルピスバター）…40g
レモンExオリーブオイル… 5㎖（レモンの皮でも可）＋適量

── Fabio Pasta Select ──

タリオリーニ

卵の風味があり、一度乾かすので独特な食感に。エッジの効いた細麺の生パスタ。

POINT ▷

やりいかは下処理して胴に塩を打ち、脱水させ、10分ほどおいて旨味を引き出し、ラップに包んで冷凍する。エンペラと脚はブロードに使える。

▷ **下準備**

1　凍ったままのやりいかはスライサーでスライスする（a）。

2　フライパンにいかのブロード、2/3量のバター、魚醤を入れて中火にかける（b）。沸いたら、1のいかを加え、すぐに火を止める（c）。

▷ **パスタをゆでる**

3　タリオリーニは塩分濃度1.5％の湯でゆで始める（ゆで時間2分30秒／P10）。

▷ **仕上げる**

4　ゆで上がったタリオリーニを2に加え、中〜強火にかけてソースを絡め、イタリアンパセリを加える（d）。煮詰めながら残りのバターを加える。

5　皿にセルクルをのせ4のタリオリーニを盛り、レモンExオリーブオイル5㎖を加える。仕上げに4のいかをのせ、レモンExオリーブオイル適量をかける。

L'aroma
土っぽいごぼうの香り

L'aroma
イタリアンパセリの
さわやかな香り

L'aroma
芳醇なにんにくの
香り

L'aroma
一味唐辛子の
パプリカのような
甘い香り

牡蠣とごぼうのペペロンチーノ

Scorzonera Ostriche Aglio

ごぼうの独特な土のようなイメージから
アマランサスのエレガントな土の香りと、
炙った香ばしい牡蠣を合わせました。
力強い大地を表現したAglio olioベースのパスタです。

材料（2人分）

スパゲッティ（ガロファロ社1.9mm）…140g
牡蠣（生食用）…100g
ごぼう…80g
にんにく（きれいなみじん切り）…10g
赤唐辛子（あればカラブリア唐辛子）…1本
イタリアンパセリ（粗めのみじん切り）…5g
天然塩…少々
燻製粗びき黒こしょう（あればマリチャ社のカーモ）
　…適量

ミネラルウォーター…70ml
魚醤（あれば鮎の魚醤）…3.5ml
アマランサス…適量
一味唐辛子（あればぢんとら）
　…適量
揚げ油（米油）…適量
Exオリーブオイル…45ml

— Fabio Pasta Select —

スパゲッティ1.9mm
ディチェコ社1.9mmのブロンズ加工のパスタで代用してもOK。

▷ 下準備

1　牡蠣は塩適量をふって10分ほどおいて水分を出し、3％の塩水で洗ってから真水でさっと洗い、ペーパータオルで水けをよく拭き取る。ごぼうは皮をむいて包丁の刃先で表面に切り目を入れ、ピーラーでスライスしてせん切りにする。これを20g作る。中側の部分は縦半分に切り、薄い斜め切りにする。それぞれ水にさらしてアクを取り、ザルに上げてペーパータオルで水けをよく拭き取る。アマランサスは洗わずに、ぬれたペーパータオルを敷いたバットに重ならないようにあけておく。

2　太めのせん切りにしたごぼうは130〜140℃の揚げ油に入れて揚げ始め、190℃に揚げ切るイメージでサクサクに揚げる。油を切って塩、黒こしょうをふっておく。

▷ ソースを作る

3　フライパンににんにく、赤唐辛子、Exオリーブオイルを入れて弱火にかけ、香りを立たせる。ささがきにしたごぼうを加え、炒めて香りを出し（a）、下処理した牡蠣を加えてオリーブオイルの中で火入れし、ぷっくりしたらバットにあげておく。

4　3のフライパンにイタリアンパセリ、ミネラルウォーター、魚醤を加えて中火で2〜3分加熱し、火を止めておく（b）。

▷ パスタをゆでる＆仕上げる

5　スパゲッティは塩分濃度1.5％の湯でゆで始める（ゆで時間10分／P10）。

6　3の牡蠣をバーナーで炙る（c）。

7　ゆで上がったスパゲッティを4に加え、1分ほど加熱してソースを吸わせる。

8　皿に7を盛り、牡蠣、揚げごぼう、アマランサスを飾り、一味唐辛子をかける。

L'aroma
ナッティーな
ピスタチオの香り

L'aroma
さわやかなタイムの香り

L'aroma
焦がしたなすの香り

L'aroma
フレッシュなレモンの香り

千両なすと甘えびの
タルタルスパゲットーニ

Melanzane affumicato Gamberretti Spaghettone

焼きなすの燻製香にあさりのブロードの旨味を含ませました。
濃厚ソースに甘えびのねっとりとした旨味、
ローストしたナッティーなピスタチオを感じ、
太麺を噛み締めながら楽しむパスタです。

材料（2人分）

スパゲットーニ(マンチーニ社2.4mm)…140g
千両なす…3本(240g)
あさりのブロード(P20)…30mℓ
魚醤(あれば鮎の魚醤)…3.5mℓ
甘えび…正味80g
天然塩…適量
白こしょう…少々(なければ、グリーンペッパーまたは黒こしょうでもOK)
タイム(葉を摘み、細かく刻む)…3～4枝分
レモンの皮…少々
ピスタチオ(ローストしたもの)…4g
Exオリーブオイル…5mℓ+15mℓ

── Fabio Pasta Select ──

スパゲットーニ2.4mm

1.9mm以上のブロンズ加工
のパスタで代用してもOK。

▷ ソースを作る

1　なすは金串で穴をあけ(a)、網にのせて丸焦げに焼く。熱いうちにヘタを切り落としてペティナイフで半分に開き、実をこそぐ(b)。

2　1の実を80gほど容器に入れ、あさりのブロード、魚醤、Exオリーブオイル5mℓを加えてブレンダーで攪拌し、ペースト状にする(c)。

▷ パスタをゆでる

3　スパゲットーニは塩分濃度1.6%の湯でゆで始める(ゆで時間13分／P10)。

▷ 甘えびのタルタルを作る

4　甘えびは1cm幅に切り、塩、白こしょう、タイムと一緒にボウルに入れ、レモンの皮をすりおろし、Exオリーブオイル15mℓを加えてマリネする(d)。

▷ 仕上げる

5　別のボウルに2を入れ、ゆで上がったスパゲットーニを加えて和える(e)。

6　皿にセルクルをのせて5を盛り、スプーンでクネル状(スイートポテト型)にした4をのせ(f)、刻んだピスタチオ、葉を摘んだタイムを散らす。

L'aroma
イタリアンパセリの
さわやかな香り

L'aroma
にんにくの
ローストした香り

L'aroma
さわやかな
黒こしょうの香り

L'aroma
サルシッチャの
フェンネルシードの香り

自家製サルシッチャと
赤玉ねぎのピーチ

Pici Salscicia cipolla rossa

モチモチのピーチに、サルシッチャの肉肉しさ、
赤玉ねぎの甘味とミニトマトのフレッシュさを合わせ、
ワイルドだけどバランスが取れたパスタです。

材料（2人分）

ピーチ（P64）… 140g（またはマンチーニ社のスパゲットーニ2.4mm）
自家製サルシッチャ（P15）… 70g
赤玉ねぎ… 30g
ミニトマト… 3個
赤唐辛子（あればカラブリア唐辛子）… 1本
にんにく（粗みじん切り）… 8g
野菜のブロード（P19）… 90mℓ
魚醤（あれば鮎の魚醤）… 4mℓ
天然塩… 適宜
燻製粗びき黒こしょう（あればマリチャ社のカーモ）… 適量
イタリアンパセリ（粗みじん切り）… 4g
Exオリーブオイル（あればロレンツォNo1）… 20mℓ

POINT

ソースと一体感を出すた
めに、赤玉ねぎはしっか
りと炒め、甘味を出す。

a

1　赤玉ねぎは細めのくし形切りにし、ミニ
　　トマトは1/8等分のくし形切りにする。

2　フライパンにExオリーブオイルとにん
　　にくを入れて弱火にかけ、香りが立った
　　ら赤唐辛子、サルシッチャ、粗びき黒こ
　　しょうを加えて中火にし、サルシッチャ
　　を粗く崩しながら焼き色がつくまで炒め
　　る。

3　こしょうの香りが立ったら赤玉ねぎ、好
　　みで塩少々を加え、しんなりするまで炒
　　める（a）。野菜のブロードを加えて味見
　　をし、魚醤を加えて味をととのえる。

4　ピーチは塩分濃度1.5％の湯でゆで始め
　　る（ゆで時間5分／P10）。

5　3にゆで上がった4を加え、1分ほど
　　和えてパスタにソースを吸わせる。ミニ
　　トマトを加えて温める程度に炒め、乳化
　　させる。

6　皿に5を盛り、粗びき黒こしょうをふり、
　　イタリアンパセリを散らす。

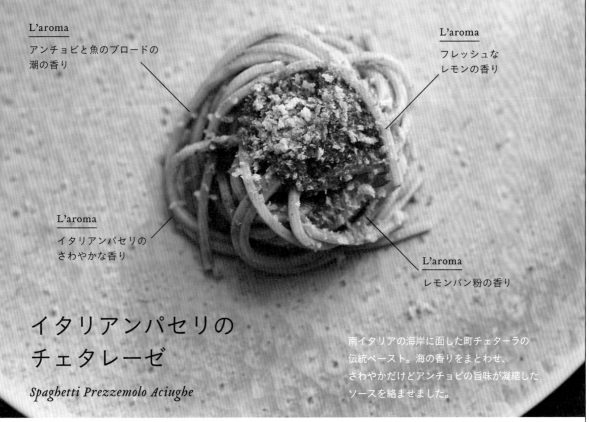

L'aroma
アンチョビと魚のブロードの
潮の香り

L'aroma
フレッシュな
レモンの香り

L'aroma
イタリアンパセリの
さわやかな香り

L'aroma
レモンパン粉の香り

イタリアンパセリの
チェタレーゼ

Spaghetti Prezzemolo Aciughe

南イタリアの海岸に面した町チェターラの
伝統ペースト。海の香りをまとわせ、
さわやかだけどアンチョビの旨味が凝縮した
ソースを絡ませました。

材料（2人分）

スパゲッティ（マンチーニ社2.2mm）…140g
　（またはディ・チェコ社のスパゲッティ1.9mm）
アンチョビ（あればデルフィーノ社）…18g
ケッパー（酢漬け）…12g
松の実（フライパンで炒る）…18g
イタリアンパセリ（普通のパセリでもOK）…25g
魚のブロード（P20）…150ml
パン粉…20g
レモンの皮・天然塩…各適量
Exオリーブオイル…50ml
レモンExオリーブオイル…25ml＋適量

POINT

a

アンチョビ、ケッパーの塩味が強いので、イタリアンパセリは塩を加えずにゆでる。

1　鍋にたっぷりの湯を沸かし、イタリアンパセリを柔らかくなるまでゆで、氷水に落とす（a）。ペーパータオルで水けをしっかり取る。

2　ケッパーは流水で軽く酸味をきる。容器にアンチョビ、水けをきったケッパー、松の実、Exオリーブオイルを入れ、ブレンダーで撹拌する。ペースト状になったら 1 を加え、さらに撹拌する。

3　フライパンにレモンExオリーブオイル25ml、パン粉を入れて中火にかけ、カリカリになるまで加熱する。仕上げにレモンの皮をすりおろしたら、ペーパータオルで油を抜き、軽く塩をする。

4　スパゲッティは塩分濃度1.6％の湯でゆで始める（ゆで時間12分／P10）。

5　フライパンに魚のブロードを入れ、中火にかけて温めておき、ゆで上がった 4 を加えて 1 分ほど出汁を吸わせる。

6　5 の火を止め、2 を加えて一気に混ぜ合わせる。

7　皿にセルクルをのせて 6 を盛り、3 をのせ、レモンExオリーブオイル適量をかける。

ファビオのパスタ論

その一皿が生まれるまでの話（1）

パスタ以前に料理を作る上で、最初に考えることは「誰に、何のために作るのか」ということから始まり、「どういうテーマで、どういう構成にしていくのか」という道筋を立てていく。

コースの流れで出していくのか、それとも一品料理で出していくのかでは、アプローチの仕方が全く変わってくる。前段階がはっきりとしたところで、初めて使いたい食材、合わせてみたい食材やテーマ、料理に合わせてお皿の色を合わせていく。

人は自身が既に経験してきたことに対して疑問を持つことが少ないと思っている。その道で長く仕事をしていたら誰しも固定概念というものが芽生えてしまうし、意識していないと僕もそうなってしまうだろう。

食材の下処理から仕込みの仕方、調味料の使い方、火の入れ方、皿の構成、盛りつけ方。全てにおいてこうあるべきという基礎的な型があると思う。経験したことをそのままお皿に表現してしまうと、どうしても視野が狭くなり、行き詰まってしまう。そんな時期が僕にもあって、料理の場合、その経験を一旦外して考えるトレーニングが必要だと思っている。

現在はSNSの普及により、世の中はガラッと変わり、料理業界も目まぐるしい改革の渦の中、僕らは生きている。もはや、日本のファインダイニングレストランにおいて、これは何料理と定義する時代は、遠い昔に過ぎ去ってしまった。どこの国の料理なのかではなく、誰が作ったのか？その料理ができるまでのストーリーが何より大切になってくる。料理業界も、企業に個人が勝負できる時代が到来していると、ここ数年感じて

いる。

今までは修業でしか見ることができなかった技術でさえも、動画で無料で見ることができ、調べれば大抵のことはわかるようになった現代。だからこそ、何をするときも疑問を持つことが大切で、情報に溢れる世の中で、何が本当で、何が真実なのかを選んでいく目利きが必要。つまり、学ばぬものは淘汰されてしまう時代なのだ。いくつになってもこの学ぶ姿勢は、忘れてはならないと思う。

料理の正解は無数にあるところが面白いと思っていて、Aglio olio e peperoncino（アーリオ・オーリオ・ペペロンチーノ）ひとつ取っても作り方は無数にあり、シェフによって考えもさまざま。どれが正解で、どれが間違っているなんてことは料理にはないと思っていて、まずは全てを受け入れることから始め、どんな調理法でも全部試してみることが大切なのではないか。そこから自分の技術にしていきながら、好みに合わせて調理法を変えていく。それくらいの柔軟性が大切なのではないかと常々思っている。

料理は僕にとって仕事であり、趣味でもあり、生きることでもある。24時間、料理のことを考えている人間だからこそ、仕事のときはエゴをいかに捨て、趣味のときは自己満足に浸るなど、日々のバランスを大切に心がけて生きている。イタリア料理好きとして、シンプルな食材をどこまで突き詰められるのかを考えているだけで、最高に楽しくなってしまう。

今まで日本を代表するいくつものトップシェフの背中を身近に感じてきた。この人だったらこういう考え

方をするだろうとか、いくつもの貴重な経験から、自分の財産として身につけてきた。その中からいいところだけを残していくことで「じゃあ、僕ならどうするのか?」というフェーズがやってくる。そこから自分のオリジナリティというものが生まれるのだ。新しいものを生み出すということは、本当に大変な作業だ。完成系をイメージして逆算しながら手繰り寄せることが全てだと思っている。

　誰にでもできるような仕事をどのように取り入れ、どれだけ積み重ねられるか。ブロードを作るのに寝かせて2日かかったり、肉の火入れに4時間かかったり、パンの酵母から起こすところから始めたら1週間はかかる。一皿にかかる時間と労力を全てつぎ込む。さらに料理の構成を創造する時間も莫大な時間がかかる。これが料理人の仕事の一部であり「おいしい」という笑顔のために完璧なクオリティで出すことにベクトルを向けている証なのだ。まさに職人でありながら、シェフになると、クリエイションからメディア活動、お店の経営までハードすぎる仕事内容になる。料理は瞬間芸であり、完成した瞬間が食材が一番輝くときでもある。料理の劣化は意外と早く始まり、食べてしまえば消えてしまうのだから、そう考えると儚いものだが、その仕事を重ねていく感覚は、まさにアスリートに近いと思う。

　料理をする上で、理論をきちんと学び、道筋を立てながら仕事をすることはとても大切だ。でも、実際にアウトプットが少なければ意味がないと思うし、料理は感覚的なところが一番だと思っている。修業時代は、頭でっかちで知識だけはあったから、苦労が絶えなかった。気が遠くなるようなトライアンドエラーを繰り返し、料理を愛しているがゆえにひどく落ち込みながら、鬱状態になったことさえあった。遠回りをしながらも、料理技術と理論を習得してきたからこそ、今の僕があると思っている。

Rome Vatican City

Part 2

Pasta al pomodoro

トマト系パスタ

【 トマトソースの基本構成とポイント 】

使うトマトに合わせて
ソースを構成する。

トマトソースのパスタといっても使うトマトによって全く表情が違ってくるトマト系パスタ。サンマルツァーノホールトマト、パッサータディポモドーロ、

トマトペースト、生のトマト、フルーツトマト、ミニトマトなど、同じトマトでもひとつひとつ「別の食材」という意識を持つことが大切になってきます。

パッサータディポモドーロの場合

僕が作る基本のトマトソースは、加熱処理されて濾されただけのパッサータディポモドーロを使用します。ホールトマトのような酸味がないので、ソースを煮込むことはせずに、あくまでも中火で温める程度で加熱するだけで十分です。ミネラル豊富な天然塩、きび砂糖を使い、やさしい味、素材を尊重する旨味を引き出します。

生トマトの場合

水分量がとても多く、酸味は少ないものがほとんど。個体差もあるアイテムなので、ミネラル豊富な天然塩、きび砂糖でマリネして使い、どんなトマトでも一定の旨味に引き上げてから使用します。加熱をして常に煮立たせながら水分を飛ばす仕事は必要ですが、酸味は飛ばさないのであくまでも中火でゆっくり加熱します。

トマトペーストの場合

水分量がほとんどないのでソースにする場合、トマトペーストは液体で濃度を調整し、ソース状に戻します。

パスタ・アル・ポモドーロの構成要素

トマト（旨味）　＋　Exオリーブオイル（香り）　＋　にんにく（旨味／個体）　＋　バジル（香り）

トマトのグルタミン酸が旨味の核になるので、ミネラル豊富な天然塩、きび砂糖でやさしい味、尊重する旨味を引き出します。トマトの香りは残しつつも、フレッシュなバジル、Exオリーブオイルでトマト

の加熱した分失われた香りを補います。また、ソースの軽さや重さによって、パスタの太さを合わせます。さらに、合わせる油分、香りの種類も変わってきます。

軽い ………………………………………………▷ ソースの軽さ ………………………………………………▷ 重い

ミニトマト	生トマト	フルーツトマト	ホールトマト	パッサータディポモドーロ	トマトペースト

フレッシュトマトソース
（軽やかなイメージ）

加工トマトソース
（重いイメージ）

Exオリーブオイル　＋　レモンの皮

バター　＋　パルミジャーノレッジャーノ

＝　細麺

＝　太麺

丸ごとトマトのスパゲッティーニ

Pomodoro Basilico OlioEVO

各素材のポテンシャルを最大限に引き上げ、
Exオリーブオイルの風味でまとめたパスタです。
濃厚だけど軽やかを考慮し、相性のよいスパゲッティーニに合わせています。

L'aroma
さわやかな
バジルの香り

L'aroma
芳醇なにんにくの香り

L'aroma
青みのある
Exオリーブオイルの香り

材料（2人分）

スパゲッティーニ（ディ・チェコ社1.6mm）…140g
トマト…230g（1と1/2個分）
にんにく（潰す）… 6g
バジル…5.5g
天然塩… 2g
きび砂糖… 2g
パルミジャーノレッジャーノチーズ…適量
Exオリーブオイル（あればロレンツォNo 3）…25㎖＋適量

─ Fabio Pasta Select ─

スパゲッティーニ1.6mm
マンチーニ社のスパゲッティーニ1.8mmで代用してもOK。

▷ 下準備

トマトは4つ切りにし、ボウルに入れて塩、きび砂糖をふって水分が出きるまで、10分ほどマリネしておく。

POINT

ここで味のベースを作る。塩、きび砂糖の分量はあくまでも目安で、トマトの状態によって加減をして。

▷ ソースを作る＆パスタをゆでる

フライパンににんにくとExオリーブオイルを入れて弱火にかける。

POINT

オイルとにんにくを加熱するときは、必ずフライパンを手前に傾けてコンロにおき、にんにくがオイルから出ない状態を保ったまま、弱火でじっくりと加熱する。

香りが立ったらバジルを茎ごと加え、弱火のまま香りをじっくりと出す。中火にしてバジルの水分を出して香りを出す。

POINT

バジルは茎にも香り成分があるので、オイルに香りを移すことが目的の場合は、茎ごと加えて香りを出す。

マリネしたトマトを加え、弱めの中火でゆっくりと炒める。

POINT

マリネしたトマトは、水分が出きっているので、より濃厚なソースが作れる。なるべくトマトの断面が下になるようにしながら、じっくりと火を通していく。

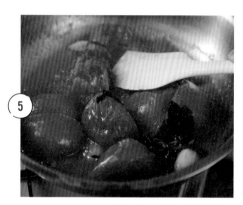

4に蓋をし、ゴムベラで崩れるぐらい柔らかくなるまで加熱する。

POINT

時々ゆらしながら、じっくりと加熱する。ある程度火が通ったら、ゆで汁を加えて加熱していく。

スパゲッティーニは塩分濃度が1.6％の、泡がポコポコするくらいの火加減の湯でゆで始める（ゆで時間は袋の表記より40秒ほど短く／P10）。

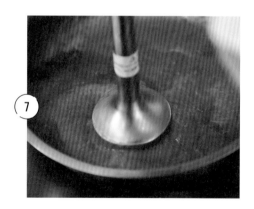

バジルを外し、ブレンダーでオレンジがかったピュレ状になるまで攪拌する。

POINT

ハンディーブレンダーがあれば、鍋の中でそのままピュレ状に攪拌できるから便利。

7をシノワで濾しながらフライパンに入れ、弱火で温める。

POINT

シノワがなければザルでOK。濾したカスもスープなどに使えば無駄にならない。

▷ 仕上げる

ゆで上がったスパゲッティーニを加える。

POINT

ソースにパスタを加えるときは、ソースは温めて温度を合わせておくこと。あらかじめソースを作っておいたときは、意識するとよい。

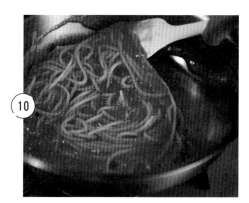

中〜強火で時々ゆらしながら40秒ほど加熱し、ソースを吸わせ、ある程度火が通ったらスパゲッティーニのゆで汁15㎖を加える。

POINT

ゴムベラを使えば、まわりのソースをこそぎ取りながら、パスタにまんべんなくソースを吸わせることができる。この工程がパスタをおいしく仕上げる重要なポイント。

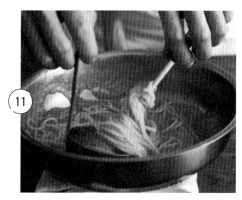

10をピンセットで巻き込み、レードルにのせてくるくる巻く。

POINT

パスタを盛りつけるときは、ピンセットとレードルを使うとうまくいく。

皿にセルクルをのせ、円柱状に巻いた11を中に移して盛りつけたら、バジルとExオリーブオイルをかけ、パルミジャーノレッジャーノチーズをすりおろす。

濃厚トマトのスパゲッティ

Pomodoro Burro Parmigiano Reggiano

熟れた濃厚なホールトマトにバター、チーズのコクを加えた
リッチなトマトパスタです。ソースの厚み、濃厚さを考慮し、
太めのスパゲッティを合わせています。

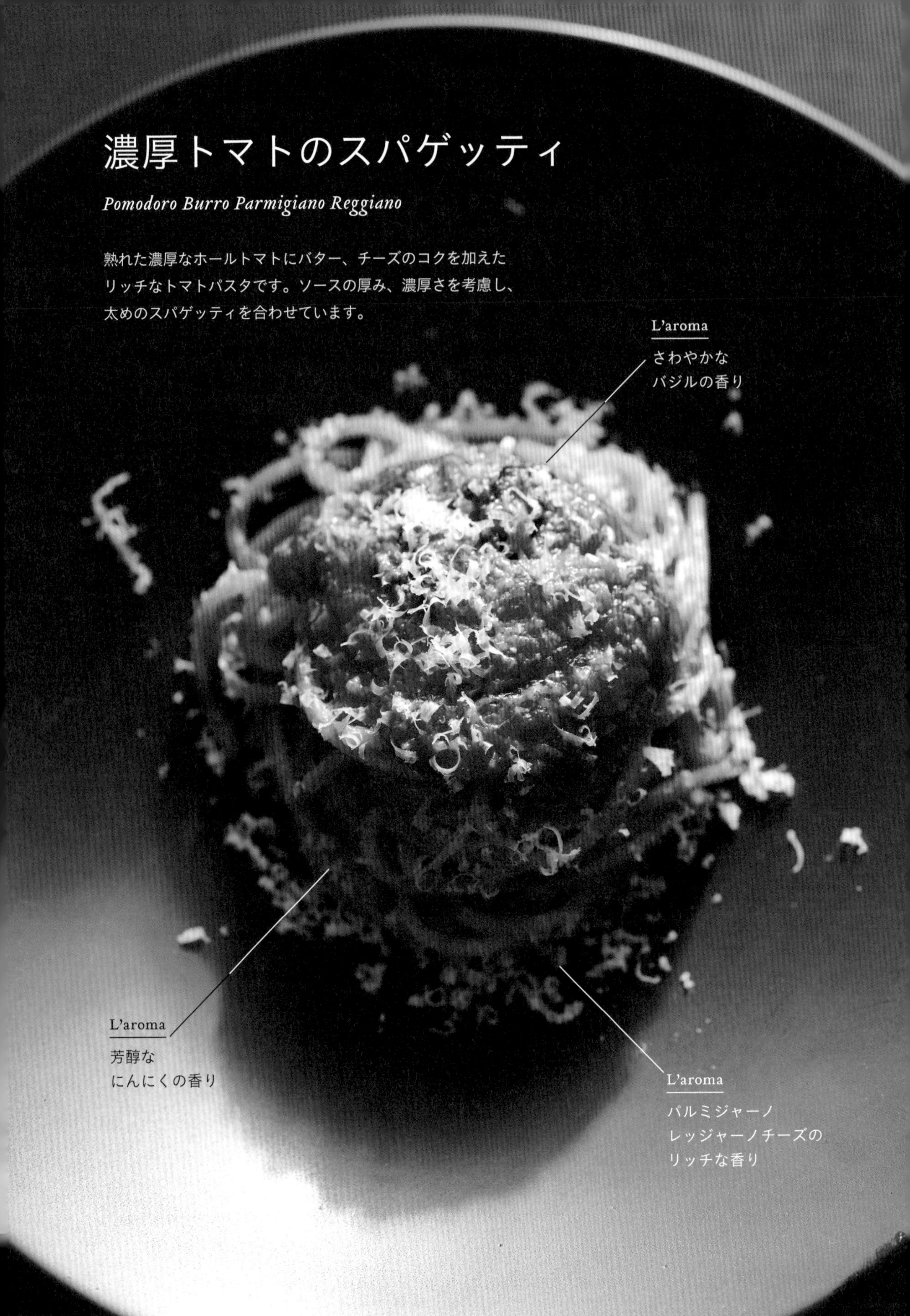

L'aroma
さわやかな
バジルの香り

L'aroma
芳醇な
にんにくの香り

L'aroma
パルミジャーノ
レッジャーノチーズの
リッチな香り

材料（2人分）

スパゲッティ（マンチーニ社2.2mm）…140g
裏ごしトマト（あればパッサータディポモドーロ）…240g
玉ねぎ（きれいなみじん切り）…20g
にんにく（きれいなみじん切り）…16g
バジル…12g
天然塩…適量
きび砂糖…2.5〜3g
パルミジャーノレッジャーノチーズ…適量
無塩バター（あればカルピスバター）…10g
Exオリーブオイル…40ml

┌─── Fabio Pasta Select ───┐

スパゲッティ 2.2mm
ディ・チェコ社1.9mm以上
のブロンズ加工のパスタで
代用してもOK。

▷ ソースを作る

1　フライパンにExオリーブオイル、玉ねぎを入れ、玉ねぎに塩をふって弱火にかけ、透き通るまで炒める（a）。

2　にんにくを加えて香りが立ったら、バジルを茎ごと加え、香りを出す（b）。

3　裏ごしトマトを加え、中火でソースに粘度がつくまで煮る（c）。

4　塩、きび砂糖で味をととのえる。バジルを外し、ブレンダーで攪拌する（d）。バジルの葉は包丁で刻んでソースに戻す（e）。

▷ パスタをゆでる

5　スパゲッティは塩分濃度1.5%の湯でゆで始める（ゆで時間10分／P10）。

▷ 仕上げる

6　4にゆで上がったスパゲッティ、ゆで汁70ml、バターを加えて乳化させる（f）。

7　皿にセルクルをのせて6を盛り、パルミジャーノレッジャーノチーズをすりおろす。

まぐろとサフランの
パン粉カサレッチェ

Tonno ficocchio Pangrattato

L'aroma
サフランの
ゴージャスな香り

L'aroma
レモンパン粉の香り

L'aroma
フェンネルの
さわやかな香り

L'aroma
フェンネルの葉の
海藻のような香り

イタリアの伝統的なパスタPasta con le sardeをベースに、
まぐろの旨味を重ねました。カリカリパン粉と
カサレッチェで、咀嚼する楽しみを演出した
シチリアの風を感じられるパスタです。

材料（2人分）

カサレッチェ（ガロファロ社）…140g
まぐろ（刺身用赤身／ねぎトロでも可）…70g
玉ねぎ（きれいなみじん切り）…10g
トマトペースト…25g
松の実（ローストしたもの）…4g
フェンネルのブロードで煮出した葉
　…1/4個分（フェンネルシードをひいたものでも可）
フェンネルのブロード（P19）…75mℓ
サフラン…0.2g
天然塩…適量
モッリーカ（カリカリパン粉／P15）…20g
Exオリーブオイル…15mℓ

─── Fabio Pasta Select ───

カサレッチェ
太麺のスパゲットーニで代
用してもOK。

▷ 下準備

1　フェンネルのブロードを取った後の葉は刻む。

2　まぐろは塩をふっておく。

▷ ソースを作る

3　フライパンにExオリーブオイルと玉ねぎを入れ、弱火で炒める。
　トマトペーストを加え、香りが出るまで軽く炒める。

4　まぐろを加えて色が変わるまで炒め、松の実を加えて炒める
　（a）。

5　フェンネルのブロードを加え（b）、フェンネルの葉、サフラン
　も加えて5分ほど中火で煮る（c）。

▷ パスタをゆでる

6　カサレッチェは塩分濃度1.6％の湯でゆで始める（ゆで時間13
　分／P10）。

▷ 仕上げる

7　ゆで上がる1分30秒前にカサレッチェを加え、40秒ほどソー
　スを吸わせる。

8　皿に7を豪快に盛り、仕上げにモッリーカをのせる。

L'aroma
燻製いわしの
スモーキーな香り

L'aroma
一味唐辛子のパプリカの
ような甘い香り

L'aroma
パプリカの
ローストした香り

L'aroma
ロックチャイブのにんにくの
ようなパンチのある香り

瞬間燻製いわしと
パプリカのアラビアータ

Arrabitata Sgombro affumicato Yogult Greco

ローストパプリカの甘味がベースの
アラビアータに、燻製して炙ったいわしの
濃厚な旨味、ロックチャイブ、ヨーグルトで
調和をとったパスタです。

材料（2人分）

ペンネリガーテ（ディ・チェコ社）…140g
　（またはマンチーニ社のフジッリ）
パプリカ…1個(240g)
裏ごしトマト(あればパッサータディポモドーロ)
　…120ml
いわし…80g
にんにく(きれいなみじん切り)…15g
赤唐辛子(あればカラブリア唐辛子)…2本
ヨーグルトグレコ…30g(プレーンヨーグルトでもOK)
ロックチャイブ、天然塩、きび砂糖、
　一味唐辛子(あればぢんとら)…適量
Exオリーブオイル…30ml＋適量

POINT

a

ポケットサイズの燻製器があれば、場所をとらずに、短時間で燻製の香りをつけることができる。

1　パプリカは塩とExオリーブオイルをかけてアルミホイルで包み、190℃に予熱したオーブンで1時間ほどローストする。ローストしたパプリカから出た水分は取っておく。パプリカを4等分にして皮と種を取り除く。パプリカ、パプリカから出た水分は容器に入れ、裏ごしトマトを加えてブレンダーで攪拌する。

2　いわしを三枚におろし、皮をはいで塩をし、脱水させておく。水分が出たら、ペーパータオルでしっかりと拭き、ジッパーつき保存袋に入れる。燻製器のホースを袋に差し込み、ジッパーをしめてなるべく密閉状態を保ち(a)、燻製する。取り出して角切りにする。

3　ペンネリガーテは塩分濃度1.6％の湯でゆで始める(ゆで時間14分／P10)。

4　フライパンににんにく、種を取り除いてちぎった赤唐辛子、Exオリーブオイル30mlを入れて弱火にかけ、香りを出す。1を加え、とろみがつくまで中火で加熱し、塩、きび砂糖で味の調整をする。

5　ゆで上がったペンネリガーテを4に加えて合わせる。

6　2のいわしをバーナーで炙る。

7　セルクルを使って皿にヨーグルトを敷き、5、6、ロックチャイブを順に盛り、Exオリーブオイル適量、一味唐辛子をかける。

L'aroma
イタリアンパセリの
さわやかな香り

L'aroma
にんにくの
香ばしい香り

にんにくトマトの
スパゲッティーニ

Aglio pomodoro Peperoncino

赤唐辛子の辛さ、さわやかさを主張させ、
ソースはあえて煮込まずにフレッシュさを残します。
細めでテフロン加工のパスタを合わせて。

（材料（2人分）

スパゲッティーニ（ディヴェッラ社1.55mm）…140g
　（またはバリラ社1.6mmのテフロン加工）
にんにく（青森県産／形が整った乱切り）…32g
赤唐辛子（あればカラブリア唐辛子）…1本
裏ごしトマト（あればパッサータディポモドーロ）
　…200mℓ
イタリアンパセリ（粗く刻む）…4g
天然塩…適量
きび砂糖…適量
Exオリーブオイル…40mℓ＋適量

1　フライパンにExオリーブオイル40mℓとにんにくを入れ、ごく弱火でじっくりにんにくに火を入れる（a）。にんにくから香りが出てきたら赤唐辛子を加え、香りを出す。

2　裏ごしトマトに塩、きび砂糖を加えておく。

3　にんにくが柔らかく加熱できたら2を加え、弱火でさっと加熱し、塩ときび砂糖で調味する。

4　スパゲッティーニは塩分濃度1.5%の湯でゆで始める（ゆで時間5分／P10）。

5　ゆで上がったスパゲッティーニを3に加え、ゆで汁40mℓも加えて軽く合わせる。

6　皿にセルクルをのせて5を盛り、イタリアンパセリを散らし、Exオリーブオイル適量をかける。

POINT

a

にんにくは色をつけないようにじっくり加熱することで、ホクホクになる。

ンドゥイヤのアラビアータ

Arrabiata Penne rigate Nduija

アラビアータの辛味にンドゥイヤのコクと旨味、
一味唐辛子の甘い香りをまとわせた、コク旨アラビアータです。

L'aroma
ンドゥイヤの
発酵した香り

L'aroma
芳醇なにんにくの香り

L'aroma
一味唐辛子のパプリカの
ような甘い香り

材料（2人分）

ペンネリガーテ（ディ・チェコ社）…140g
ンドゥイヤ（豚バラのペースト）…16g
にんにく（粗みじん切り）…14g
赤唐辛子（あればカラブリア唐辛子）…2本
裏ごしトマト（あればパッサータディポモドーロ）…240㎖
天然塩…適量
きび砂糖…適量
一味唐辛子（あればぢんとら）…適量（韓国産の一味唐辛子でもOK）
Exオリーブオイル…40㎖

▷ ソースを作る＆パスタをゆでる

1　フライパンににんにく、ちぎった赤唐辛子、Exオリーブオイルを入れて弱火で加熱し、香りを出す。にんにくは気持ち色をつける（a）。

2　ペンネリガーテは塩分濃度1.6％の湯でゆで始める（ゆで時間14分／P10）。

3　1に裏ごしトマトを加えてひと混ぜし（b）、ンドゥイヤを加え（c）、中火で5分ほどとろみがつくまで加熱する。

4　3に塩、きび砂糖で調味する。

▷ 仕上げる

5　ゆで上がった2を4に加えて合わせ、ゆで汁30㎖を加えてつなぐ（d）。

6　皿に5を盛り、一味唐辛子をかける。

POINT

辛味を効かせたいので、赤唐辛子は
ちぎって使う。

ペスカトーレ

Frutti di mare Alga nori Pasta

L'aroma
焼きのりの磯の香り

L'aroma
イタリアンパセリの
さわやかな香り

L'aroma
えびの殻を焼いた
香ばしい香り

L'aroma
生青のりの磯の香り

漁師をイメージし、海の幸をふんだんに組み合わせました。
生のりと焼きのりで磯の香りをまとわせ、
2種類のショートパスタを貝殻に見立てた
海を丸ごと食べ尽くす、豪快な一皿完結のパスタです。

材料（2人分）

ルマコーニ(ダラコスタ社)…60g
コンキリエ(ディ・チェコ社)…60g
有頭えび…2尾
ほたるいか…6杯
やりいか(胴)…30g
あさり(殻つき)…8個
牡蠣(生食用)…4個
ゆでだこ(足／そぎ切り)…30g
生青のり…適量

裏ごしトマト
　(あればパッサータディポモドーロ)
　…200㎖
にんにく(潰す)…10g
イタリアンパセリ(粗く刻む)…5g
白こしょう…適量
ミネラルウォーター…適量
焼きのり…適量
Exオリーブオイル…30㎖

▷ 下準備

1　あさりは3％の塩水に1時間ほど浸けて砂抜きする。真水でさっと洗い、50℃の湯に2分ほど浸け、表面の汚れと残った砂を出し切る。牡蠣は下処理(P37)しておく。えびは背わたを取り除いて包丁で背開きにし、白こしょうをふる。ほたるいかは目とくちばしを取り除く。やりいかは輪切りにする。

▷ ソースを作る

2　フライパンににんにくとExオリーブオイルを入れて弱火にかけ、にんにくの香りを立たせる。えびは殻を下にして入れて弱火でじっくりと炒め、香ばしい香りを出す。ほたるいかとやりいかも加え、焼けたらバットに取り出す(a)。えびはひっくり返してさっと火が通るまで焼き、バットに取り出す。

3　2のフライパンにあさり、少量のミネラルウォーターを加えて、蓋をせずに中火で加熱する。あさりの口が開いてきたら、牡蠣を加えて中火にし、牡蠣がぷっくりするまで加熱したら(b)、牡蠣を2のバットに取り出す。

POINT

4　あさりの口が開いたら、3のバットに取り出してラップをし、保温状態にしておく(c)。同じフライパンに裏ごしトマトを加え、にんにくをスプーンで潰し、軽く煮て旨味を凝縮させ、イタリアンパセリを加える。バットに溜まった魚介から出た旨味エキスも加え(d)、ソースのスタンバイOK。

魚介はフライパンで火入れしたら火が入りすぎないように一度別のバットに移し、温かい所において保温しておき、仕上げにパスタと合わせる。

▷ パスタをゆでる&仕上げる

5　ルマコーニを塩分濃度1.5％の湯でゆで始め、時間差でコンキリエも加えてゆでる(ゆで時間ルマコーニ約14分・コンキリエ約13分／P10)。ゆで上がったら、4に加えて合わせ、汁けが足りなければあさりのブロード(P20)適量(分量外)を足す。仕上げに青のりを加えて香りを出し(e)、保温していた魚介とたこも加えて合わせ、ソースを温める。

6　皿に5を盛り、ちぎった焼きのりを飾る。

ブカティーニアマトリチャーナ

Guanciale Bucatini Pecorino romano

L'aroma
グアンチャーレの
野性的な香り

L'aroma
ペコリーノの
チーズの香り

ローマの3大伝統パスタのアマトリチャーナ。
伝統をリスペクトしつつもきび砂糖で味のバランスを。
グアンチャーレのコクを最大限に引き出した
調理法で作ったコッテコテのパスタです。

材料（2人分）

ブカティーニ（アドーロ社2.7mm）…140g
グアンチャーレ（塩漬けした豚肉）…100g
ダッテリーニトマト缶
　（またはパッサータディポモドーロ）
　…360g
ペコリーノロマーノチーズ…適量
天然塩…適量
きび砂糖…適量

▷ 下準備

1　グアンチャーレは厚めの棒状に切る。ダッテリーニトマトはシ
　　ノワで濾す（a）。

▷ ソースを作る&パスタをゆでる

2　フライパンに1のグアンチャーレを入れ、弱火から加熱し始め
　　る。

3　ブカティーニは塩分濃度1.6％の湯でゆで始める（ゆで時間11
　　分／P10）。

4　2のグアンチャーレは焦がさないように弱火のまま、カリカリ
　　になるまで加熱する（b）。

5　4に1のダッテリーニトマトの濾した汁を加え、グアンチャー
　　レの脂と乳化させる。中火にして粘度をつけ、コテコテソー
　　スを作る（c）。

6　5に仕上げにかけるペコリーノロマーノチーズの塩梅を考慮し、
　　塩、きび砂糖で調味する。

▷ 仕上げる

7　ゆで上がったブカティーニを6に加え、中〜強火で1分ほど加
　　熱してソースを吸わせたら皿に盛り、ペコリーノロマーノチー
　　ズをすりおろす。

POINT

グアンチャーレから出た脂は捨てな
い。

L'aroma
レモンの皮のスッキリ
とした爽快な香り

L'aroma
にんにくの
香ばしい香り

L'aroma
バジルの
さわやかな香り

ソレント風ミニトマトの
スパゲッティーニ

Pomodorini Basilico limone

糖度が高い優糖星を使い、断面をしっかり
焼きつけてキャラメリゼし、旨味を凝縮させます。
さわやかなバジルとレモンの皮で、
ソレントの風を感じさせるパスタです。

材料（2人分）

スパゲッティーニ（ディ・チェコ社1.6mm）…140 g
　（またはマンチーニ社のスパゲッティーニ1.8mm）
ミニトマト（優糖星）…20個
　（普通のミニトマトの場合は、切った断面に
　きび砂糖少々をしてすぐに焼き始める）
にんにく（潰す）… 5 g
バジル…10 g＋3 g
レモンの皮…適量
天然塩…適量
Exオリーブオイル…20mℓ＋適量

1　ミニトマトは半割にし、断面に軽く塩をふる。

2　フライパンにExオリーブオイル20mℓとにんにくを入れ、弱火にかける。1 のミニトマトを断面が下になるように並べ、バジル10 gを茎ごと加えて香りを出す（a）。

3　2 が煮詰まってきたら弱火にし、さわらずにそのまま加熱する。糖度の高いトマトは、キャラメリゼさせながら焼き固める。

4　スパゲッティーニは塩分濃度1.6％の湯でゆで始める（ゆで時間 5 分／P10）。

5　3 のトマトが柔らかくなり、水分が出てきたら火を止め、バジルとにんにくを外す。

6　ゆで上がったスパゲッティーニを 5 に加え、トマトが潰れないように軽く混ぜる。

7　皿に 6 を盛り、葉を摘んだバジル 3 gをのせ、すりおろしたレモンの皮、Exオリーブオイル各適量をかける。

POINT
a

ミニトマトは、塩をふったらすぐに焼き始めましょう。

L'aroma

イタリアンパセリの
さわやかな香り

L'aroma

アンチョビの
焼いた魚の香り

L'aroma

芳醇なにんにくの香り

トマトペーストと
アンチョビの
スパゲッティーニ

Concentrato di pomodoro Aciughe prezzemolo

凝縮したトマトの旨味とアンチョビのコク、
にんにくのやわらかいローストした香りを纏い、
パセリの爽快感が加わったソースです。
ブロンズのパスタを合わせます。

材料（2人分）

スパゲッティーニ（ディ・チェコ社1.6mm）…140g
　（またはマンチーニ社のスパゲッティーニ1.8mm）
アンチョビ（あればデルフィーノ社）…8g
にんにく…10g
トマトペースト…25g
イタリアンパセリ（刻む）…6g
Exオリーブオイル…30mℓ＋適量

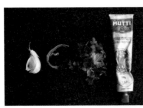

ムッティのチューブタイプのトマト
ペーストを使用していますが、銘柄
にはこだわらず、他のトマトペース
トでも作れます。

1　フライパンににんにくとExオリーブオイル30mℓを入
　れて弱火にかけ、香りを立たせる。にんにくはフォー
　クで潰しながら柔らかくしていく（a）。

2　スパゲッティーニは塩分濃度1.5％の湯でゆで始める
　（ゆで時間6分30秒／P10）。

3　1にアンチョビを加え、弱火のままフォークで崩しな
　がら溶かし、トマトペーストを加えて合わせる。

4　3にゆで汁70mℓを加えてのばし、火を止めておく。

5　4のソースを弱火で温め、ゆで上がったスパゲッティ
　ーニを加えて合わせる。

6　皿に5を盛り、Exオリーブオイル適量とイタリアン
　パセリをかける。

POINT

a

にんにくの繊維をほぐし
てあげ、オイルになじま
せる。

タリアテッレ

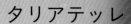

材料（2人分）

0粉（中力粉でも可）…100g
全卵…1個（50g）
天然塩…2g
Exオリーブオイル…8㎖

手打ち生パスタの基本

本場イタリアの伝統的な生パスタは、地域によって粉の配
合や水分量が変わり、形も様々なのが特徴。前半は手打ち、
後半はパスタマシンを使う生パスタを紹介します。

ピーチ

材料（2人分）

0粉（中力粉でも可）…110g
セモリナ粉…15g
ミネラルウォーター…50㎖
天然塩…3g

タリアテッレの作り方

1 台に0粉をおいて中央をくぼませ、くぼませた部分に全卵を割り入れ、塩、Exオリーブオイルを加える（a）。

2 フォークで黄身を潰しながら塩とオリーブオイルを混ぜ合わせたら（b）、粉に卵液を満遍なく回す要領で、捏ねずに混ぜていく（c）。

3 卵液が粉全体に回ったら（d）、両手で揉むようにして捏ねる（e）。だんだんまとまってきたらひとまとめにして（f）、全体重を使って（g）グルテンを出しながら、生地の表面がきれいになるまで10分ほど捏ねる（h）。

4 3を丸くまとめてから、ラップでぴっちりと包み、10分ほど寝かす（i）。

5 4をもう一度しっかりと捏ねて丸め、ジッパーつき保存袋に入れて冷蔵庫で最低半日寝かす（j）。

6 5を出して台におき、麺棒で正方形にするイメージで2mmくらいの厚さに伸ばしたら（k）、布巾をかけて一度生地を10分ほど休ませる（l）。

7 最後に6を手が透けるくらいまで繰り返しながら伸ばし（m）、生地を3つ折りにする。包丁で5mm幅に切り分ける（n）。

ピーチの作り方

1 タリアテッレの作り方1と同様に、台に0粉、セモリナ粉をおいて中央をくぼませ、くぼませた部分にミネラルウォーターのぬるま湯を注ぎ、塩を加える。

2 タリアテッレの作り方2～5と同様に捏ね、生地を寝かす。

3 2を出して台におき、麺棒で正方形にするイメージで8mm厚さに伸ばす（a）。

4 3を包丁またはピザカッターなどで8mm幅くらいにカットし（b）、1本ずつ両手で転がしながら伸ばし（c）、両端を持ち、回しながらランダムに伸ばす（d）。

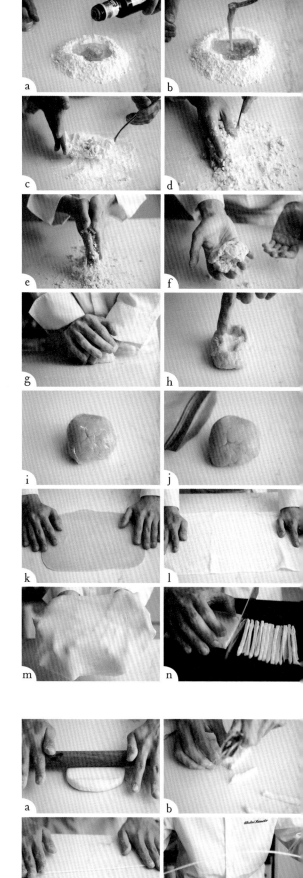

ロンブリケッリ

材料（2人分）

0粉（中力粉でも可）…110g
ミネラルウォーター…50mℓ
天然塩…3g

1 台に0粉をおいて中央をくぼませ、くぼませた部分にミネラルウォーターのぬるま湯を注ぎ、塩を加える。

2 P65タリアテッレの作り方2〜5同様に作る。

3 2を出して台におき、麺棒で正方形にするイメージで3.5mmに伸ばす（a）。

4 粉を多めにふって三つ折りにし（b）、包丁で8mm〜1cm幅くらいに切り（c）、丁寧にまとめる（d）。

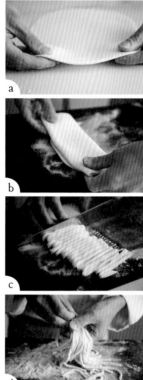

a

b

c

d

小麦粉のニョッキ

（材料（2人分）

0粉（中力粉でも可）…130g
ミネラルウォーター…100mℓ
天然塩…5g

1 台に0粉をおいて中央をくぼませ、くぼませた部分にミネラルウォーターのぬるま湯を注ぎ、塩を加える。

2 P65タリアテッレの作り方2〜5同様に作る。

3 2に粉を振りながら丁寧に取り出す（a）。台におき、正方形にするイメージで1.5cmに伸ばす（b）。

4 スケッパーに粉をつけながら3を棒状に切り（c）、さらに2〜3cm大に切る（d）。

5 4を丸め、フォークにのせて、親指で軽く押しながら転がし（e）くぼみとラインをつける（f）。

タリオリーニ

ロングパスタの一種で、小麦粉と卵で作る平打ちのパスタ。細めのタリアテッレ。パスタマシンがあれば、きめ細やかなタリオリーニが作れる。

（材料（2人分））

0 粉（中力粉でも可）…125g
卵黄…50g
天然塩…3 g
Exオリーブオイル… 5 ㎖

パスタマシンで作る

フェットゥッチャ

日本語でテープリボンの意味をなす、南イタリアの平打ちパスタ。フェトチーネに似ているが、卵を使わず0粉と水、塩とオリーブオイルのみで作られる。

（材料（2人分））

0 粉（中力粉でも可）…125g
ミネラルウォーター…50㎖
天然塩…3 g
Exオリーブオイル… 5 ㎖

タリオリーニの作り方

1　P65タリアテッレの作り方1〜5同様に作る。

2　1をマシンのローラーに生地の幅を合わせ、3mmぐらいの厚さに丸く広げ（a）、パスタマシンの目盛りを「6」に設定してローラーに入れて伸ばす（b）。

3　2を3つ折りに畳んで（c）麺棒で伸ばし（d）、目盛りを「4」に設定して（e）ローラーに入れて伸ばす（f）。

4　3と同様に3つ折りに畳んで麺棒で伸ばし（g）、目盛りを「2」に設定してローラーに入れて伸ばす（h）。2mm厚さになったら、3つ折りにして、折り畳んだ面を裏にし（i）、端が下になるようにローラーに入れて伸ばす。これを4回繰り返す。

5　表面がなめらかになってきたら、折り畳まずにローラーに入れ、最終的には1.9mmになるまで伸ばしていく（j）。

6　生地を半分に折り畳み、包丁で端を切り落として長方形に整える（k）。4つ折りにして切り分け（l）、ひっくり返しながら生地を5分ほど乾かす（m）。

7　2.1mmのカッターをセットし、ローラーに入れ、製麺する（n）。

フェットゥッチャの作り方

1　台に0粉をおいて中央をくぼませ、くぼませた部分にミネラルウォーターのぬるま湯を注ぎ、塩、Exオリーブオイルを加える。

2　P65タリアテッレの作り方2〜5同様に作る。水分が多く柔らかいので、打ち粉をしながら、麺棒で伸ばす。

3　2の生地をタリオリーニの作り方2〜4同様に伸ばす。

4　表面がなめらかになり、2mm厚さになったら、打ち粉をしながら折り畳まずにローラーに繰り返し入れ（a）、生地が1mm厚さになったら（b）粉をふって4つに切って、3つ折りにする（c）。

5　包丁で8mm〜1cm幅くらいに切る（d）。

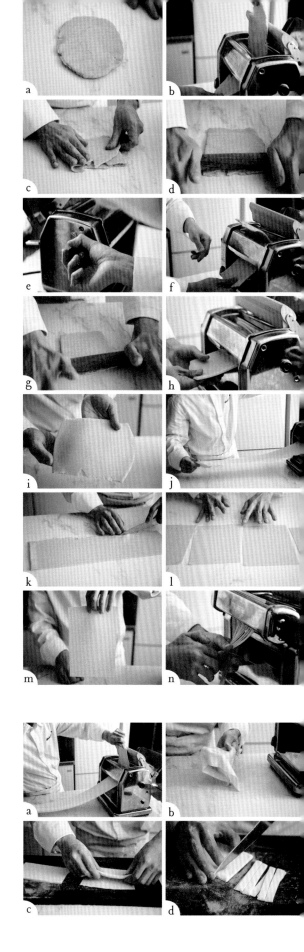

069

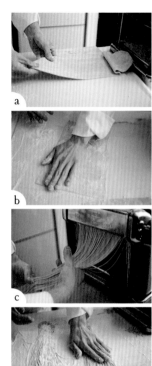

カッペリーニ

（材料（2人分））

O粉（中力粉でも可）…125g
卵黄…50g
天然塩…3g
Exオリーブオイル…5ml

1　P65タリアテッレの作り方1〜5同様に作る。

2　1の生地をP69タリオリーニの作り方2〜4同様に伸ばす。

3　表面がなめらかになり、2mm厚さになったら、打ち粉をしながら折り畳まずにローラーに繰り返し入れ、生地が1mm厚さになるまで伸ばしていく（a）。

4　生地を半分に折り畳み、包丁で端を切り落として長方形に整える。4つ折りにして切り分け（b）、ひっくり返しながら生地を5分ほど乾かす。

5　0.9mmのカッターをセットし、ローラーに入れ、製麺する（c）。くっつきやすいので多めに打ち粉をしておく（d）。

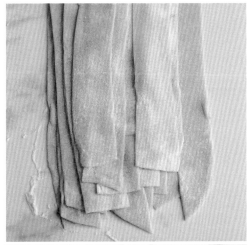

パッパルデッレ

（ 材料（2人分） ）

0粉(中力粉でも可)…125g
卵黄…50g
天然塩…3g
Exオリーブオイル… 5mℓ

1 P65タリアテッレの作り方**1**～**5**同様に作る。

2 **1**の生地をP69タリオリーニの作り方**2**～**4**同様に
伸ばす。

3 表面がなめらかになり、2mm厚さになったら、打
ち粉をしながら折り畳まずにローラーに繰り返し
入れ、生地が1mm厚さになるまで伸ばしていく。

4 生地を半分に折り畳み、包丁で端を切り落として
長方形に整え、4つ折りにして切り分ける。

5 1枚を3つ折りにし、2～2.5cm幅に切って(a)1
本ずつ広げ(b)、長さを半分に切る(c)。くっつ
きやすいので多めに打ち粉をしておく。

マルタリアーティ

（ 材料（2人分） ）

0粉(中力粉でも可)…125g
卵黄…50g
天然塩…3g
Exオリーブオイル… 5mℓ

1 P65タリアテッレの作り方**1**～**5**同様に作る。

2 **1**の生地をP69タリオリーニの作り方**2**～**4**同様に
伸ばす。

3 表面がなめらかになり、2mm厚さになったら、打
ち粉をしながら折り畳まずにローラーに繰り返し
入れ、生地が1.9mm厚さになるまで伸ばしていく。

4 生地を半分に折り畳み、包丁で端を切り落として
長方形に整え、4つ折りにして印をつけ、4等分
に切り分ける(a)。

5 ピザカッターなどで端から2cm幅に切り(b)、1本
をランダムな形に切り分ける(c)。くっつきやす
いので多めに打ち粉をしておく。

ファビオのパスタ論

その一皿が生まれるまでの話（2）

料理は頭でするものではなく、頭を働かせながら、五感をフルに使って仕事をすることが大事だと思う。

朝起きた瞬間からエプレッソマシンでコーヒーを沸かし、朝の匂いで体が目覚める。朝はその日の舌のコンディションを確認するため、決まってプレーンのペペロンチーノを食べる。愛車のロードレーサーで出勤し、朝の厨房へ入り、五感を研ぎ澄まして食材と向き合う。続々と産地から魚、野菜、肉が届く。ひとつひとつ、指先で食材に触れ、匂いを嗅ぎ、鮮度を確認する。

視覚でもコンディションを確認し、そのものの味をしっかりと舌で確認していく。野菜を切るときは、包丁の入る音にも耳を傾ける。

イタリアの厨房で毎朝BGMを流し、リズムを刻んでハードワークをこなしていた日々を思い出す。働いている人間の気分を上げるためにも、その場の雰囲気作りも働いていく上でとても重要だ。営業が始まれば、神経を研ぎ澄まし、肉を焼く。フライパンで焼く音を聴きながら、炭で炙る香りを感じる。盛りつけは美しい最高の状態に仕上がってきた食材を視覚で感じながら確認し、ゲストへ料理として運んでいく。

同じ食材でもそれぞれに個性があり、ひとつとして同じものはない。扱うものは全て命あるものということを、当たり前ながら忘れてはならない。その食材の背景を知ることで思考が変わり、料理に間違いなく厚みが出てくる。さらに料理に対する意識も全く違うものになるのだ。

料理を創作する上で大切なのは、その食材を作っている生産者の想いやその土地を知ること。その土地を訪れると、普段は気づかないようなヒントがたくさん落ちていることに気づくことができる。

背景を知った上でその日の食材のコンディションを整え、塩をふる量、火のあて方をその日の食材によって変えていく。完全にアナログな仕事であり、これこそが一つの技術だと思う。

このアナログな仕事は、莫大に時間がかかるが、AIでは決して代用することができない細部の神仕事のひとつでもある。そこを尊重するためにもテクノロジーも最大限に活用する。ほかで手間を省けるものは省いていけばいいのだ。洗い物は大きめの洗浄機を導入する、コンベクションオーブンや低温調理で効率化をはかる、圧力鍋、ガストロバック、パコジェットなどテクノロジーも使いこなし、最大限に活用することで時間短縮にもつながり、結果的にアナログの時間に費やす大切な時間も確保していく。

五感の中に僕の食事の楽しみでもある「咀嚼」を意識することも重要になってくる。コースを考える際も「噛ませること」を意識するとヨダレが出る。ヨダレが出ると、人はおいしく感じるのでポーションはわざと大きめにしたりもする。ただし、日本人はみずみずしいものをおいしく感じるので、水分量の対比を作ることが大切だ。水分の多いものには、水分の少ないものを加える。おいしいものは、みずみずしくなりがちなのでこの対比が大事なのだ。

人によって「おいしい」の感じ方はさまざまだが、甘味の炭水化物、脂質のExオリーブオイルは人間がおいしいと感じる基本要素だ。カロリーとして吸収しやすいため、おいしく感じるのだろう。特に炭水化物は吸収が一番よく、中毒性があるということからコースの中にたくさん入れると満足度が上がってくる。

おいしい一品パスタの基本構成は旨味、甘味、塩味のバランスを意識すると間違いなくおいしくなる。苦味と辛味は基本「毒」として体が認識しているため、使いすぎず、アクセントに適量使うとバランスが取れる。

僕のパスタの特徴は、旨味成分が含まれている食材を多く使っていること。グルタミン酸とイノシン酸を掛け合わせ、旨味の相乗効果でおいしくしたり、さらに発酵食材の魚醤やチーズ、ワイン、干しきのこのグアニン酸や、貝類に含まれるコハク酸などの素材、オレイン酸が含まれるオリーブオイルなどの旨味をバランスよくソースに重ねていく。

料理は絵の具と同じで、混ぜれば混ぜるほど、味も旨味も奥行きも複雑になって、人の舌はおいしく感じる。絵の具を混ぜると複雑に黒になっていくのと同じイメージだ。ソースは旨味を重ねる代わりに、メイン食材になるもの以外を加えないことで全体のバランスを作ることにしている。

Part 3

Pasta alla crema

クリーム系パスタ

僕が作るクリームベースの
パスタは4種類。

01

動物性の生クリームを
使ったもの

生クリームのソースは、旨味と香りは相反する
ので、香り要素を重ねることが大切です。生ク
リームは煮込むと重さが主張しすぎるので、麺
がゆで上がったら『初めて加熱する』か、あく
までも『温めるだけ』にします。余熱で生クリ
ームにとろみをつけて仕上げると、生クリーム
の濃厚さがありながら軽やかな仕上がりで、最
後まで重たくならず食べることができます。

02

野菜のブロードと
チーズがベースのもの

チーズクリームはイタリアで習得したクリーム
ソースで、生クリームの液体の部分を、野菜の
ブロードでまかないました。軽やかだけど濃厚
なソースです。

03

にんにくを使った
クリームベースのもの

にんにくは刺激とパンチがある反面、低温の
Exオリーブオイルの中でじっくりと煮てあげ
ることにより、辛味が甘味に代わり、柔らかさ
が顔を出します。ゆで汁でつなぎ、鮎の魚醤で
旨味をさらに引き出し、ブレンダーで撹拌する
ことでベジタブルクリームソースが完成します。

04

卵とチーズを使った
カルボナーラ

イタリアの伝統的なコテコテカルボナーラは、
生クリームが入らないのが基本で、卵のコク、
グアンチャーレ、ペコリーノロマーノの旨味、
黒こしょうのスパイスで食べるパスタです。全
卵ベースでソースを作ると、卵白の水分量によ
り軽やかになり、とろとろのカルボナーラに仕
上げられます。クリーミーなカルボナーラを作
るには、卵の熱凝固温度を感覚と理論で理解す
ることが重要です。卵の変性温度は卵白は58
℃～卵黄が65～70℃で完全にゲル化、80℃で
完全凝固するので、65～70℃の間に保ちながら、
卵が凝固しきらない温度帯を保ち、調理するこ
と。ゆるゆるでトロトロなソースに仕上げるイ
メージです。

カッチョエペペ

Tagliorini Pepe Pecorino romano

L'aroma
ペコリーノロマーノの
野性的な香り

L'aroma
黒こしょうを
ローストした香り

L'aroma
香味野菜のやさしい香り

ローマ３大伝統パスタのカッチョエペペをベースに、
手打ちのエッジが効いたタリオリーニを
野菜ベースのやさしいペコリーノソースで絡めた
ファビオのスペシャリテ。

材料（2人分）

タリオリーニ(P68)…140g
ペコリーノロマーノチーズ…適量
粗びき黒こしょう(あれば
　マリチャ社のアロマティコ)…適量

〈カッチョエペペソース〉
玉ねぎ…20g
じゃがいも…170g
黒こしょう(ホール)…12粒
野菜のブロード(P19)…350ml
ペコリーノロマーノチーズ…45g
Exオリーブオイル…20ml

Fabio Pasta Select

タリオリーニ
トンナネッリを使うのが伝
統的な作り方です。

▷ 下準備

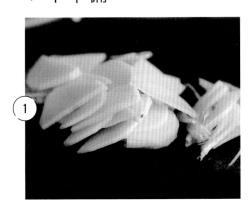

玉ねぎは薄くスライスし、じゃがいもは縦半分に切り、
薄めのスライスにする。

POINT

とろみが欲しいので、じゃがいもは水にさらさない。じゃがいもは新じゃ
がいもでないものを使うとよい。

▷ カッチョエペペソースを作る

フライパンにExオリーブオイルを弱火で熱し、1の玉ね
ぎを入れて色がつかないように透き通るまで炒める。

POINT

塩は加えずに炒めていく。炒めている横で、野菜のブロードを温めておく
とよい。

黒こしょうを加えて香りを出しながら炒めたら、じゃが
いもを加えて炒める。

POINT

黒こしょうは、煎ったホールのものを加えて炒めることで香りを出す。

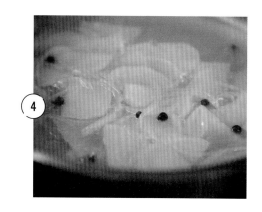

野菜のブロードを加え、じゃがいもが完全に柔らかくなるまで弱〜中火で10分ほど加熱する。

> **POINT**

火加減はスープの液面がポコポコするくらいが目安。木べらで崩れるぐらいの柔らかさになるまで煮る。野菜のブロードでどのぐらい甘い香りが出せるかが重要なポイントになる。

ペコリーノロマーノチーズはすりおろしておく。

> **POINT**

ペコリーノロマーノは、羊のミルクを原料とした独特の甘い香りが特徴のイタリア最古と言われるチーズ。6でチーズを加えることで、塩味も加わる。

4、5を容器に入れ、滑らかになるまでブレンダーで攪拌する。

> **POINT**

熱々の状態で一気に回して、きめ細かいペースト状にする。全体にとろみがついている状態になる。

フライパンに6を移し、6に対して半量のゆで汁を加え、中火にかけてのばす。

▷ パスタをゆでる＆仕上げる

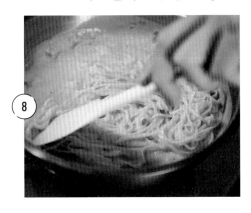

タリオリーニは塩分濃度1.5％の湯で 2 分30秒ゆで（P10）、ゆで上がったら **7** に加える。中～強火で30秒ほど混ぜながら加熱し、ソースをなじませる。

> **POINT**
>
> パスタをゆでるときに使う塩は、海塩がおすすめ。手打ちのタリオリーニは、火が通りやすいので、ソースになじませるときも30秒ほどで仕上げる。

8 をピンセットですくい上げ、レードルの上において、くるくる巻き込みながら、円柱状にして器に盛る。

> **POINT**
>
> 盛りつけるときは、ピンセットとレードルを使うときれいに盛りつけられる。

仕上げにペコリーノロマーノチーズをすりおろし、粗びき黒こしょうをふる。

> **POINT**
>
> パスタを盛ったら、トッピングをのせる前にフライパンに残ったソースを上からかけておくとよい。

えびのトマトクリーム
リングイーネ

Gamberi Pomodoro Linguine

L'aroma
桜えびを焼いた
香ばしい香り

L'aroma
マルサラ酒のバニラの
ような甘い香り

L'aroma
レモンの皮の
さわやかな香り

えびの香りを最大限に引き出し、
プリプリ食感を大切にした濃厚えびのビスクパスタ。
幅がしっかりとしたリングイーネを合わせます。

材料（2人分）

リングイーネ（マンチーニ社）…140g
バナメイえび（またはブラックタイガー）…6尾
桜えび…15g
にんにく（潰す）…8g
裏ごしトマト（あればパッサータディポモドーロ）…240g
レモンの皮…適量
生クリーム…15㎖
マルサラ酒…20㎖（マデラ酒またはポルト酒で代用OK）
合わせみそ…5g
魚醤（あれば鮎の魚醤）…6㎖
天然塩…適量
きび砂糖…適量
Exオリーブオイル…20㎖＋5㎖

▷ 下準備

1 えびは殻を外し、包丁で背に軽く切り込みを入れて背ワタを取り除く。

▷ ソースを作る＆パスタをゆでる

2 フライパンにExオリーブオイル20㎖とにんにくを入れて弱火にかけ、にんにくの香りが立ったら裏ごしトマトを加える。軽く粘度が出るまで加熱し、塩、きび砂糖を加えて味をととのえ、火を止める。

3 別のフライパンに桜えびを入れ、弱めの中火で香りがたつまで炒り、マルサラ酒を加え、アルコールを飛ばす。

4 3に2、合わせみそ、魚醤を加え、ブレンダーで攪拌して香りを出す（a）。

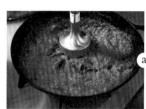

5 4をシノワで濾しながら別のフライパンに移し（b）、生クリームを加えて混ぜる。ここではまだ火にかけない。

6 リングイーネは塩分濃度1.6％の湯で9分ゆでる（P10）。その鍋に1を加えて色が変わるまでさっとゆで（c）、ボウルにあげてレモンの皮をすって加え、Exオリーブオイル5㎖も加えてマリネしておく（d）。

▷ 仕上げる

7 ゆで上がったリングイーネを5に加えて、中火で煮詰めながら加熱し、ソースに粘度が出てきたら、マリネしたえびを加えてさっと和え、皿に盛る。

POINT

コクが欲しい人はオリーブオイルの代わりにバターを加え、あっさりめにしたい人はオリーブオイルを加える。

北欧風たらこクリーム

Uova di merliuzzo Panna Gnocchi

たらこのプチプチ感と小麦粉ニョッキの独特な食感が楽しめます。
濃厚だけど軽やかなクリームベースに
ディルのさわやかさが加わったパスタです。

L'aroma
ディルの
さわやかな香り

L'aroma
にんにくチップの
ジャンキーな香り

L'aroma
レモンの
さわやかな香り

(材料（2人分）)

小麦粉のニョッキ(P67)…140g
生クリーム(35%)…140g
たらこ…80g
魚醤(あれば鮎の魚醤)…9㎖
レモン汁…4㎖
ディル(みじん切り)…5g
ディル(仕上げ用)…適量
糸唐辛子…適量
にんにくチップ…適量
にんにくオイル(P15)…20㎖
レモンExオリーブオイル…20㎖

── Fabio Pasta Select ──

小麦粉のニョッキ
じゃがいものニョッキで代
用してもOK。

▷ ソースを作る

1　フライパンににんにくオイル、生クリーム、半量のたらこ、魚醤、レモン汁を入れて合わせ、ディルを加える(a)。

2　残りのたらこはレモンExオリーブオイルでマリネしておく。

▷ パスタをゆでる

3　ニョッキはザルに入れて余分な粉をはらってから、塩分濃度1.6%の湯で1分30秒ほどゆでる(P10)(b)。

▷ 仕上げる

4　3が浮き上がってきたら1に加え、ここで初めて中火にかけ、温める程度に加熱する(c)。

5　4にとろみがついたら皿に盛り、2のたらこ、にんにくチップ、ディル、糸唐辛子を飾る。

優しく混ぜながら温めた状態で盛りつけると、濃厚だけど軽やかな味わいに。

サーモンとのりクリームの
マッケローニ

Salmone Alga nori Panna

L'aroma
クレソンのクリアで
さわやかな香り

L'aroma
生青のりの磯の香り

L'aroma
生わさびの辛味のある
さわやかな香り

のりクリームの磯の香りをベースに半生サーモン、いくらの旨味、
クレソン、わさびの爽快感が加わるソース。
パスタはしっかりとしたマッケローニを合わせます。

材料（2人分）

マッケローニ（マンチーニ社）…140g
サーモン（さく）…120g
生青のり…20g
いくら…40g
生クリーム（36％）…60ml
あさりのブロード（P20／または野菜のブロードP19）…10ml
魚醤（あれば鮎の魚醤）…18ml
クレソン…適量
生わさび…適量
天然塩…適量

― Fabio Pasta Select ―

マッケローニ

大潟村発芽玄米のフジッリ
で代用してもOK。

▷ 下準備

1　サーモンをさくのまま塩を打ち、脱水させて旨味を凝縮させて
　おく（a）。その後、角切りにする。

▷ パスタをゆでる

2　マッケローニは塩分濃度1.6％（ショートパスタは塩が入りにくい
　ので少し多め）の湯でゆで始める（ゆで時間14分／P10）。

▷ ソースを作る

3　フライパンに生クリーム、青のり、あさりのブロード、魚醤を
　入れておく（b）。

4　ゆで上がったマッケローニを3に加え、ここで初めて中火にか
　けてソースを加熱する。フライパンから湯気が出て、ソースに
　とろみがついたら火を止める（c）。

▷ 仕上げる

5　4にサーモンを加えてひと混ぜし（d）、半生状態で皿に盛る。

6　5にいくら、クレソンをのせ、生わさびをすりおろす。

POINT

和の食材が多いのであさりのブロー
ドを加えてあっさりめに仕上げる。

クリームベースペペロンチーノ

Crema di aglio Spaghetti colatura di ayu

にんにくのやさしい柔らかな香りを最大限に引き出し、
鮎の魚醤の繊細な旨味を加えたファビオ代名詞のパスタです。
マンチーニの太めのパスタと合わせます。

L'aroma
イタリアンパセリの
さわやかな香り

L'aroma
一味唐辛子の
パプリカのような
甘い香り

L'aroma
芳醇なにんにくの香り

材料（2人分）

スパゲッティ（マンチーニ社2.2mm）…140g
にんにく（あれば青森県産）…35g
赤唐辛子（あればカラブリア唐辛子）…1本
イタリアンパセリ…4g
魚醤（あれば鮎の魚醤）…5ml
一味唐辛子（あればぢんとら）…少量
Exオリーブオイル（ロレンツォNo5）…適量（35mlくらい）

```
─── Fabio Pasta Select ───

スパゲッティ2.2mm
1.9mm以上のブロンズ加工
のパスタで代用してもOK。
太麺でざらざらしたパスタ
がよい。
```

▷ 下準備

1

にんにくは芯を取り除き、バラバラにならない程度に軽く潰す。

POINT

国産の柔らかい香りのものを使うとよい。

▷ ソースを作る&パスタをゆでる

2

フライパンをコンロに傾けてのせ、Exオリーブオイルと1を入れ極弱火から加熱する。

POINT

フライパンを傾けてコンロにおき、オリーブオイルはにんにくがつかるぐらい（にんにくが顔を出すくらい）がちょうどよいオイルの分量の目安。オイルをゆっくりとにんにくになじませ、にんにくに色をつけないように加熱する。

3

2がふつふつしてきたら赤唐辛子を加える。

POINT

ふつふつをキープさせ、低温でゆで上げるイメージ。

スパゲッティは塩分濃度1.3％の湯でゆで始める（ゆで時間9分／P10）。

POINT

クリーミーなソースになるので、パスタは太めでザラザラしているブロンズ加工を合わせるのがポイント。

3のフライパンは弱火で加熱を続け、にんにくが透明になってきて泡が落ち着いてきたら、フォークで繊維をほぐすように潰す。

にんにくが完全に柔らかくなったら赤唐辛子を外し、ゆで汁100mℓを加える。

> **POINT**
>
> ゆで汁を入れたら、必ず味見して、濃くなりすぎてないかをチェックする。オイルの3倍量ぐらいのゆで汁を加えると、ブレンダーにかけたときに完璧な乳化状態ができる。オイルが分離しない状態がベスト。

味見をし、魚醤で調味する。

> **POINT**
>
> 必ずここでも味見をし、足りない分の塩味を魚醤で補う。魚醤にもいろいろ種類があるが、塩味がとがっていない鮎の魚醤がおすすめ。

ブレンダーで攪拌し、クリーム状にする。

> **POINT**
>
> ゆで汁と合わせてブレンダーで攪拌することで、とんこつスープのようなクリーミーなソースになる。ヨーロッパでは一家に一台は持っているほど、ブレンダーがよく使われる。イタリアの星つきレストランでは、ソースの乳化がきれいかどうかを見られるが、結果的に仕上がりは完璧なものになる。

▷ 仕上げる

再度ブレンダーにかけ、弱火でソースを温める。ゆで上がったスパゲッティを加え、ソースを吸わせながら中〜強火で加熱する。

8

> POINT

普通のパスタは煽って乳化させるが、このレシピはブレンダーで強制的に回して乳化させてしまう。そのためこの時点で乳化されているので、煽る必要がない乳化パスタといえる。

イタリアンパセリを刻み、加えて合わせる。

9

> POINT

イタリアンパセリのさわやかな香りを出したいので、仕上げの段階で刻んでから加えるのがポイント。気持ち細かめに刻む。

皿にセルクルをのせ、ピンセットでパスタをすくってレードルにおき、くるくると巻き上げ、セルクルの中に盛りつける。

10

> POINT

ピンセットとレードルを使うと、きれいに盛りつけられる。

フライパンに残ったソースをスプーンでかけ、一味唐辛子をかける。

11

3 ｜ クリーム系パスタ ｜ クリームベースペペロンチーノ

メッツェマニケの卵黄カルボナーラ

Tuorli Guanciale Mezzemaniche

L'aroma
グアンチャーレの
野性的な香り

L'aroma
黒こしょうの
ローストした香り

L'aroma
パルミジャーノとペコリーノの
コクのあるリッチな香り

ローマの伝統3大パスタであるカルボナーラ。
伝統を最大限にリスペクトしつつ、リガトーニではなく
メッツェマニケのパスタを使い、食べやすさをプラスしました。
グアンチャーレのコクを意識したコテコテパスタです。

材料（2人分）

メッツェマニケ（マンチーニ社）…130g
卵黄…6個
グアンチャーレ（塩漬けした豚肉）…40g
グアンチャーレのブロード（P18）…120㎖
パルミジャーノレッジャーノチーズ…30g
ペコリーノロマーノチーズ…適量
天然塩…適量
粗びき黒こしょう（あればマリチャ社のアロマティコ）…適量

── Fabio Pasta Select ──

メッツェマニケ
マンチーニ社のキタッラで
代用してもOK。

▷ 下準備

1　グアンチャーレは厚めの棒状に切る。

2　ボウルに卵黄、すりおろしたパルミジャーノレッジャーノチーズを入れて混ぜ、ソースのベースを作っておく。

▷ パスタをゆでる&ソースを作る

3　メッツェマニケは塩分濃度1.6％の湯でゆで始める（ゆで時間約12分／P10）。

4　フライパンに**1**を入れ、カリカリになるまで弱火で加熱する。

5　**4**にグアンチャーレのブロードを加えて乳化させ、火を止めておく。

6　ゆで上がった**3**を**5**に加え、弱めの中火にかけて1分ほどソースを吸わせる（a）。**2**を加えて弱火にし、ソースの温度を65〜70℃（軽く湯気が出るか出ないかくらい）に上げていき、混ぜ合わせる。70℃以上になると卵が固まってしまうので、温度計があれば計りながら作るのがおすすめ（b）。

▷ 仕上げる

7　**6**にトロッとした濃度がついたら塩で味をととのえる（c）。

8　皿に**7**を盛り、たっぷりの粗びき黒こしょうをかけ、ペコリーノロマーノチーズをすりおろす。

全卵カルボナーラ

Uova Guanciale Pepe

L'aroma
グアンチャーレの
野性的な香り

L'aroma
卵の柔らかい香り

L'aroma
黒こしょうの
ローストした香り

L'aroma
パルミジャーノとペコリーノの
コクのあるリッチな香り

全卵と卵黄、チーズとバランスよく配合し、
ソースのとろみを意識したカルボナーラ。
テフロンタイプの太めのスパゲッティで喉越しを楽しむパスタです。

材料（2人分）

スパゲッティ（バリラ社1.8mm）…140g
全卵…2個
卵黄…2個
グアンチャーレ（塩漬けした豚肉）…80g
パルミジャーノレッジャーノチーズ…40g
ペコリーノロマーノチーズ…10g
野菜のブロード（P19）…105mℓ
粗びき黒こしょう（あればマリチャ社のアロマティコ）…適量

--- Fabio Pasta Select ---

スパゲッティ 1.8mm
ディヴェッラ社No7ヴェ
ルミチェッリ1.9mmで代用
してもOK。

▷ 下準備

1 グアンチャーレは厚めの棒状に切る。

2 ボウルに卵を割り入れ、パルミジャーノレッジャーノチーズと
ペコリーノロマーノチーズをすりおろして加え、よく混ぜ合わ
せておく（a）。

▷ パスタをゆでる&ソースを作る

3 スパゲッティは塩分濃度1.5%の湯でゆで始める（ゆで時間約13
分／P10）。

4 フライパンに1を入れ、カリカリになるまで弱火で加熱する。
出てきた脂は半分ほどペーパータオルに吸わせる（b）。

5 4に野菜のブロードを加えて軽く乳化させ、火を止めておく。

6 ゆで上がった3を5に加え、弱めの中火にかけて1分ほどソー
スを吸わせる。弱火にしてソースが約70℃（軽く湯気が出るか
出ないかくらい）の中に2を加え、混ぜ合わせる（c）。

POINT

濃度があるソースなので野菜のブ
ロードの軽さを加え、全体のバランス
を取る。

▷ 仕上げる

7 皿にセルクルをのせて6を盛り、粗びき黒こしょうをかける。

Part 4

Pasta per l'ospitalità

おもてなしパスタ

肉料理という感覚を持つこと。

主役のパスタと同じベクトルに煮込みソース（肉）を持っていくこと、肉料理という感覚を持つことが大切です。一皿で食べて得られる満足感を重視するため、咀嚼するときのポーションの大きさをとり、肉肉しさを前面に出します。香ばしい焼き目をしっかりとつけ、ソフリット、魚醤、ワインなどの旨味を重ね、味に奥行きを出します。ワインは酸味、渋みが少ない単体で飲んでおいしいものを使用し、アルコールは軽く飛ばすまでにとどめ、風味がなくなるので詰めすぎないこと。煮込み料理は「煮込みすぎないこと」が大切です。合わせるパスタは手打ちの幅広パスタや太麺で、煮込みに寄り添わせます。

伝統＋文化＋感動体験＋ノスタルジック。

創作パスタを作る上でベースになるのが、外国の伝統料理＋日本の文化＋自身の感動体験＋ノスタルジック。例えば、ポルチーニのコンソメパスタ（P112）は、イタリア既存の伝統料理に日本の文化＋感動体験を組み合わせたもの。ベースになっているのが北イタリア、エミリアロマーニャ州のTortellini in brodoで、クリスマスにルームメイトのマンマが作った、鶏と生ハムの澄んだコンソメのおいしさに感動し生まれた料理。コンソメに細めの乾麺を加え、日本の皆が慣れ親しんだラーメン文化を取り入れました。仕上げのExオリーブオイル＋パルミジャーノレッジャーノの「イタリアの香り」で完成します。

冷製には大きく分けて2種類の方法がある。

そもそもイタリアには日本のようなキンキンに冷えたパスタは存在せず、冷製パスタといえばショートパスタでスピアッチャ（砂浜）といって、常温のパスタを食べるイメージです。冷製パスタはカッペリーニのイメージがありますが、僕が使う冷製用の乾麺は、パスタのほどよい存在感も重要視するため、1.3mmのものを使用します。パスタを締める方法は大きく分けて2種類。氷水で締める方法と氷水にボールをあて、間接的にゆっくりと締める方法です。一番重要なのが氷水の中にもゆでたパスタと同じ量の塩を加え、味をぼやかさないこと。パスタの水分をペーパータオルで拭き取ること。ゆで時間は、袋に表記された時間の2分ほどオーバーで柔らかくゆでてから締めると、ちょうどいいアルデンテに。

ボロネーゼ

Carne macinato Tagliatelle Vino Rosso

L'aroma
パルミジャーノの
コクのあるリッチな香り

L'aroma
黒こしょうの
ローストした香り

L'aroma
肉を焼いた
香ばしい香り

L'aroma
赤ワインの熟成した
ぶどうの香り

L'aroma
ローズマリーの
野性味のある香り

L'aroma
イタリアンパセリの
さわやかな香り

エミリアロマーニャ州伝統のボロネーゼを最大限にリスペクトし、
伝統食材の中で創造しました。赤ワインは2段使いで
凝縮さとフレッシュさを出し、味の奥行きを引き出します。
パスタは手打ちのタリアテッレを合わせて。

材料（2人分）

タリアテッレ(P64)…140g
合びき肉(牛肉6：豚肉4)…160g
生ハム…20g
にんにく…10g
ソフリット(P14)…50g
裏ごしトマト(あればパッサータディポモドーロ)…150g
赤ワイン(あればカザーレベッキオ)…250ml
牛乳…50ml
ローズマリー…1本
イタリアンパセリ…3g
天然塩…適量
粗びき黒こしょう(あればマリチャ社のアロマティコ)…適量
きび砂糖…適宜
肉醤…6ml(なければレバー15g)
パルミジャーノレッジャーノチーズ…適量
Exオリーブオイル…30ml

---- Fabio Pasta Select ----

タリアテッレ
1.9mm以上の太めのスパゲッティで代用してもOK。

▷ 下準備

生ハムはみじん切りにする。

POINT

生ハムは具材としてではなく、ソフリットと同様に調味料として使う。

冷やしたボウルに冷たい状態の合びき肉を入れ、塩3つまみ、粗びき黒こしょう適量を加え、白くなるまで軽く練る。

POINT

ひき肉に塩だけ入れて、タンパク質を分解させ、粘りを出す作業。

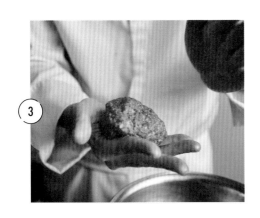

2ににんにく半量をすりおろして加え、赤ワイン8㎖(分量外)を加えて混ぜ合わせる。ひと塊の団子状に形を整えたら、冷蔵庫に入れて(長くて30分ほど)冷やしてマリネしておく。

POINT

再度冷蔵庫で冷やすことで成形しやすくなる。時短で作りたい人は冷凍庫に5分ほど入れてもOK。

▷ ソースを作る&パスタをゆでる

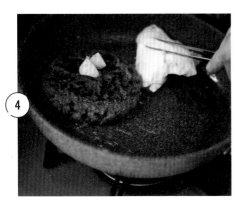

フライパンに潰した残りのにんにくとExオリーブオイルを入れて弱火にかけ、にんにくの香りが立ったら、小判形にした3を加えて中火で焼く。焼き色がついたらひっくり返す。肉から出た脂はその都度ペーパータオルで軽く拭き取る。

POINT

脂を拭き取ることで、焦げと脂の酸化を防ぐことができる。旨味もこそいでしまわないように、表面の脂だけを取り除く。オリーブオイルが足りない場合はその都度足し、きれいな状態を保ちながら焼く。

両面にこんがり焼き目がついたら赤ワイン半量を加え、肉に全てを吸わせるイメージで煮詰める。

POINT

赤ワインは渋み、酸味が少なく、果実味が凝縮しているものが合う。

5が煮詰まってきたら、残りの赤ワイン、裏ごしトマト、ソフリット、1を加える。

POINT

赤ワインを2回に分けて加えることで、赤ワインのフレッシュさをプラスすることができる。

ひき肉を粗く崩して10分ほど煮込み、軽く粘度が出てきたら肉醤を加え、味が足りなければ塩、きび砂糖で味をととのえる。

> POINT

肉醤を加えるときは、火を弱めて香りを飛ばさないようにする。味の調整は、塩ときび砂糖が基本。

7 に牛乳を加えて味を調和し、みじん切りにしたローズマリーを加える。

> POINT

牛乳を加えたあとは、30秒ぐらい混ぜながらソースになじませる。仕上げにローズマリーを加えることで香りを最大限に立たせる。

タリアテッレは塩分濃度1.5％の湯でゆで始める（ゆで時間4分／P10）

▷ 仕上げる

8 にゆで上がったタリアテッレを加えて絡める。

> POINT

コクが欲しい人はオリーブオイルの代わりにバターを加え、あっさりめにしたい人はオリーブオイルを加える。

皿に **9** を盛り、粗く刻んだイタリアンパセリ、すりおろしたパルミジャーノレッジャーノチーズを散らし、粗びき黒こしょうをかける。

> POINT

ボロネーゼは皿にラフに盛りつけるイメージで。トングでパスタを持ち上げ、皿の真ん中に山型に盛りつける。最後にイタリアンパセリとパルミジャーノ、黒こしょうの香りをプラスする。

パッパルデッレのカッチャトーラ

Pollo Pappardelle Olive

イタリア中部の伝統肉料理である鶏のカッチャトーラと
手打ちのパッパルデッレを合わせ、旨味の要素を詰め込んだ一皿完結パスタです。
この旨味を幅広パスタで受け止めながら楽しみます。

L'aroma
タイムの
レモンのような香り

L'aroma
ローズマリーの
野性のさわやかな香り

L'aroma
イタリアンパセリの
さわやかな香り

L'aroma
鶏肉の皮目をぱりっと
焼いた香ばしい香り

L'aroma
燻製したこしょうの香り

材料（2人分）

パッパルデッレ(P71)…140g
鶏もも骨つき肉…200g
裏ごしトマト
　（あればパッサータディポモドーロ）
　…200ml
ソフリット(P14)…40g
アンチョビ(あればデルフィーノ社)
　…1枚
にんにく(皮つきのまま潰す)…8g
鶏のブロード(P17)…250ml

ローズマリー…1と½本
タイム…1g
グリーンオリーブ…4個
イタリアンパセリ(粗く刻む)…4g
天然塩…適量
白ワイン(あればシャルドネ)…30ml
肉醤…5ml
燻製粗びき黒こしょう
　（あればマリチャ社のカーモ)…適量
Exオリーブオイル…20ml

— Fabio Pasta Select —

パッパルデッレ
リガトーニで代用しても
OK。

▷ 下準備

1　鶏肉は塩をふり、ペーパータオルで包んで10分ほどおく。

▷ ソースを作る

2　フライパンにExオリーブオイル、皮つきのにんにく、ローズ
　マリー、タイム、1を皮面から入れ(a)、中火で香りを出しな
　がら加熱する。そり返りを防ぐために、ひっくり返して焼く
　(b)。

POINT

鶏肉はパリッと焼けるように水分を
いかに抜くかが大切。ひっくり返す
ことで反り返らずきれいに焼ける。

3　2を色が変わるか変わらないかくらいでひっくり返して再度
　皮目を焼き、にんにく、ローズマリー、タイムを鶏肉の上にの
　せながら加熱する(c)。

4　3が焼けてきたらグリーンオリーブを加え、香りを出す。色が
　変わったら焦げないように、にんにくとハーブ類を鶏肉の上に
　のせる。鶏肉の皮面にこんがり焼き目がついたら、鶏肉をひっ
　くり返す(d)。

5　フライパンを火から外して白ワインを加え、アルコール分を飛
　ばし、ローズマリー、タイムを取り除く。

6　鶏のブロードを加え、裏ごしトマト、ソフリット、アンチョビ、
　肉醤を加え、蓋をして中火で15分ほど煮込む。

7　ボウルに鶏肉を出し、手袋をして鶏肉の繊維を裂くように手で
　ほぐし(e)、皮は包丁で切る。ソースに戻し入れ、合わせる。

▷ パスタをゆでる＆仕上げる

8　パッパルデッレは塩分濃度1.5％の湯でゆで始める(ゆで時間約
　2分／生パスタは浮き上がってきたらOK)。

9　ゆで上がった8を7に加え、合わせる。

10　皿に9を盛り、粗びき黒こしょうをふり、イタリアンパセリを
　散らす。

トリッパとれんこんの
マルタリアーティ

Trippa Radice di loto Martagliati

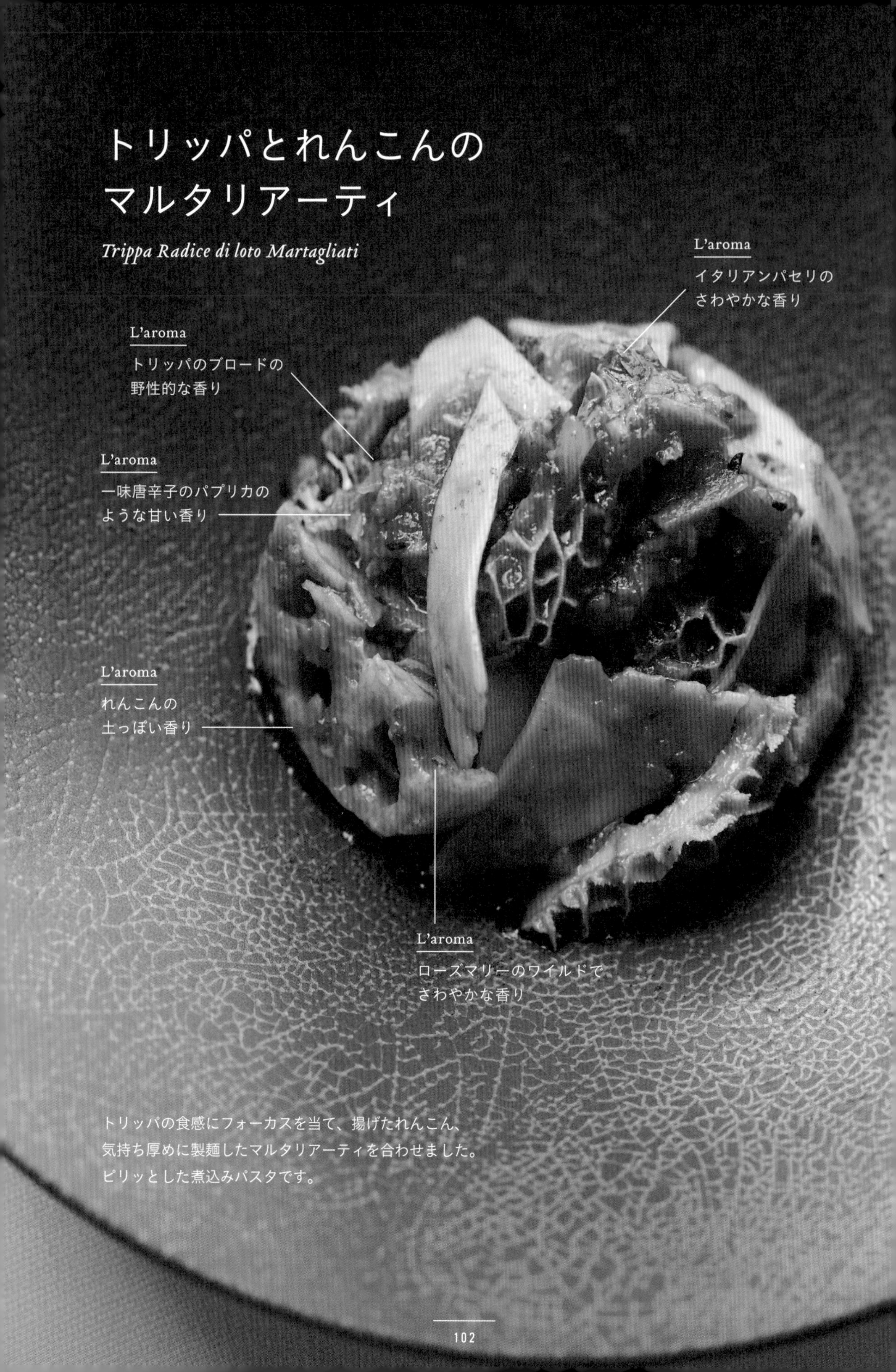

L'aroma

イタリアンパセリの
さわやかな香り

L'aroma

トリッパのブロードの
野性的な香り

L'aroma

一味唐辛子のパプリカの
ような甘い香り

L'aroma

れんこんの
土っぽい香り

L'aroma

ローズマリーのワイルドで
さわやかな香り

トリッパの食感にフォーカスを当て、揚げたれんこん、
気持ち厚めに製麺したマルタリアーティを合わせました。
ピリッとした煮込みパスタです。

材料（2人分）

マルタリアーティ(P71)…80g
トリッパ(下処理済)…100g
れんこん…60g
にんにく(潰す)…7g
赤唐辛子(あればカラブリア唐辛子)…1本
ソフリット(P14)…40g
裏ごしトマト(あればパッサータディポモドーロ)…200mℓ
トリッパのブロード(P18)…250mℓ
ローズマリー(みじん切り)…2g
イタリアンパセリ(みじん切り)…2g
天然塩…適量
一味唐辛子(あればぢんとら)…適量
揚げ油…適量
Exオリーブオイル…25mℓ

マルタリアーティ

トリッパの大きさに揃えて
製麺し、テクスチャーも合
わせた手打ちパスタ。

▷ 下準備

1　れんこんは皮をむき、輪切りにしてから半分に切り、水にさら
す。ペーパータオルで水けをよく拭き取り、160℃の揚げ油に
入れ、180〜190℃の温度で揚げ切るように素揚げし、塩を打
っておく(a)。

▷ ソースを作る

2　フライパンににんにく、赤唐辛子、Exオリーブオイルを入れ
て中火にかけ、香りを出す。にんにくは繊維をほぐしながら、
ごろごろとした食感が残るように潰す(b)。

3　マルタリアーティの大きさに揃えて切ったトリッパを加えて軽
く炒め、ソフリット、裏ごしトマトを加えてその都度さっと炒
める。トリッパのブロードを加え(c)、10分ほど煮込む。

4　ソースに粘度が出てきたら味見をし、塩で調味する。1を加え
て合わせ、揚げれんこんにソースを絡ませる。(d)。

5　4にローズマリー、イタリアンパセリを加えさっと和える(e)。

▷ パスタをゆでる&仕上げる

6　マルタリアーティは塩分濃度1.5%の湯で1分ほどゆで(P10)、
ゆで上がったら5に加えて合わせる。

7　皿にセルクルをのせて6を盛り、一味唐辛子をかける。

L'aroma
えびの殻の香ばしい香り

L'aroma
タイムのレモンの
ようなさわやかな香り

L'aroma
ミニバジルの
野性味のある
さわやかな香り

L'aroma
フレッシュな
レモンの香り

魚介のミネストラ

Brodo di gamberi Pasta mista Passata di pomodoro

ナポリの伝統のミネストラをベースに、
えびのブロードの風味と、トマトの旨味でまとめました。
パスタの食感と魚介の食感を合わせたパスタです。

材料（2人分）

ミスタ・コルタ（ディ・マルティーノ社）…120g
えびのブロード（P20）…400㎖
あさりのブロード（P20）…200㎖
ゆでだこ（足）…20g
ほたるいか…6杯
ブラックタイガー…6尾
菜の花（穂先の部分）…25g
　（スティックセニョールのブロッコリーの上の部分でもOK）
裏ごしトマト（あればパッサータディポモドーロ）…200㎖
天然塩…適量
タイム…1本
白こしょう…適量
ミニバジル…適量
エディブルフラワー…適量
レモンExオリーブオイル…15㎖＋適量
Exオリーブオイル…適量

─ Fabio Pasta Select ─

ミスタ・コルタ
フジッリで代用してもOK。

2種類のブロードを使うことで、魚介の旨味を最大限に引き出す。

▷ 下準備

① 鍋に水に対して1％の塩を加えて沸かす。菜の花を10秒ほどゆで、1％の塩を加えた氷水に落とす。

> **POINT**
> 氷水にそのまま落とすと、菜の花の旨味が逃げてしまい、水っぽくなる。氷水にも1％の塩を加えておくことで、菜の花の旨味を逃さず、引き締める。

② たこは一口サイズに切り、ほたるいかは目とくちばしを取り除く。ブラックタイガーは殻を外し、包丁で背に軽く切り込みを入れて背ワタを取り除き、塩を全体に打ち、10分ほどおいて水分を出す。出た水分でブラックタイガーをよく揉み洗いし、片栗粉適量（分量外）を加えて汚れを付着させ、水で流してきれいに洗う。

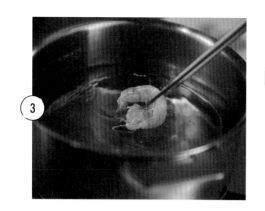

③

鍋に湯を90℃まで加熱し、ブラックタイガーをしゃぶしゃぶする感覚でゆでる。

POINT
魚介の火入れの加減が一番大事。ほぼ火入れしない程度の半生の状態に仕上げる。

④

3の色が変わったらすぐに皿に上げる。2のたこも同じ皿にスタンバイさせ、タイム、白こしょう、レモンExオリーブオイル15mlをかけてマリネし、ラップをして温かい所においておく。

POINT
マリネをしてから冷蔵庫で冷やすのではなく、コンロまわりなどの温かい所においておくこと。

▷ソースを作る&パスタをゆでる

⑤

フライパンにえびのブロードとあさりのブロードを半量ずつ入れて中火で加熱し、沸いたところにミスタ・コルタを加え、ゆで始める(ゆで時間約16分)。

POINT
火加減は、ぽつぽつ泡が出るくらいをキープすること。塩は足さない。ブロードが温かくなってからパスタを加える。

⑥

パスタ同士がくっつかないよう、混ぜながらゆでる。

POINT
リゾットと同様に鍋底にくっつきやすいので、混ぜながらゆでるのがコツ。ブロードが減ってきたら、その都度ブロードを加えて混ぜ、鍋底にパスタがくっつかないようにする。

ゆで時間が残り3分になったら、裏ごしトマトを3〜4回に分けて加え、仕上げる。

> **POINT**

裏ごしトマトはあらかじめ温めておくとよい。このレシピで使う裏ごしトマトは煮立たせないで、香りものとして最後に加える。

▷ 仕上げる

別のフライパンにExオリーブオイルを弱めの中火で熱し、ほたるいかと菜の花を入れて焼き目をつける。

> **POINT**

トッピングとしてのほたるいかと菜の花は、さっと焼き目をつけて香りを立たせる。焼きすぎに注意。

皿にセルクルをのせ、7をレードルですくって盛る。

> **POINT**

セルクルをおいてパスタを盛ることで、形が保たれる。

セルクルを外して8と4をのせ、ミニバジルとエディブルフラワーを飾り、レモンExオリーブオイル適量を回しかける。

> **POINT**

平面のパスタの上に、彩りよく魚介やトッピングを飾りつける感覚で。

ロンブリケッリのだしボンゴレ

Lonbrichelli Vongole Katsuobushi

ボンゴレにかつお節を合わせたダブル出汁ベースを、
手打ちのロンブリケッリに吸わせました。
和のハーブをふんだんに合わせたパスタです。

L'aroma
和風だしの香り

L'aroma
花穂じそのさわやかな香り

L'aroma
木の芽の
柔らかい山椒の香り

L'aroma
芽ねぎの青っぽい香り

材料（2人分）

ロンブリケッリ（P66）…140g
あさり…260g
あさりとかつおのブロード（P20）…適量
ズッキーニ（黄・緑）…合わせて60g
にんにく（軽く潰す）…10g
ミネラルウォーター…適量
かつお節…2g
芽ねぎ（みじん切り）…少量
花穂じそ…少量
木の芽…少量
Exオリーブオイル…30㎖＋5㎖

▷ 下準備

1　あさりは3％の塩水に1時間ほど浸けて砂抜きする。真水でさっと洗い、50℃の湯に2分ほど浸けて表面の汚れと残った砂を出し切る。

2　ズッキーニは小さいくり抜き器でくり抜く（a）。

POINT ▷ 残ったズッキーニは野菜だしで使える。

▷ ソースを作る

3　鍋ににんにくとExオリーブオイル30㎖を入れて弱火にかけ、にんにくの香りが立ったら、あさりがかぶる程度のミネラルウォーターを加え、蓋をせずに加熱する。あさりの口が開いたら小鍋などに取り出す（b）。殻を外し、少量のあさりとかつおのブロードを加えて保温し、ふっくらと柔らかい状態をキープする（c）。

4　3の鍋を弱火にかけ、鍋に抽出されたあさりのエキスにかつお節を加える（d）。軽く煮出して沸騰させる手前まで持っていったらシノワで濾しながらフライパンに入れ（e）、Exオリーブオイル5㎖を加える。

▷ パスタとズッキーニをゆでる

5　ロンブリケッリは塩分濃度1.5％の湯でゆで始める（ゆで時間約4分／P10）。ゆで上がったらズッキーニを30秒ほどゆでる。

▷ 仕上げる

6　4を中〜強火にかけて温め、ゆで上がった5を加え、1分ほど加熱してソースを吸わせる。3のあさりを加え、さっと和える（f）。皿に盛り、芽ねぎ、花穂じそ、木の芽をかける。

L'aroma
刻みのりの磯の香り

L'aroma
たらの淡白な魚の香り

L'aroma
レモンの
さわやかな香り

L'aroma
にんにくのローストした
ジャンクな香り

明太子パスタ

Uova di merluzzo Burro Alga nori

にんにくオイルの中でゆっくりと火入れをした、
濃厚なたらクリーム。明太子のプチプチ感を加え、
決め手に刻みのりをのせました。
太めのブロンズ麺で、噛み締めながら楽しみます。

材料（2人分）

スパゲッティ（ガロフェロ社1.9mm）…140g
生たら…70g
明太子…70g
にんにく（潰す）…10g
魚醤（あれば鮎の魚醤）…2g
刻みのり…適量
天然塩…適量
無塩バター（あればカルピスバター）…15g
Exオリーブオイル…20㎖
レモンExオリーブオイル…15㎖（レモンの皮でもOK）

――― Fabio Pasta Select ―――

スパゲッティ1.9mm

1.9～2.2mmのブロンズ加工
のパスタで代用してもOK。

▷ 下準備

1　たらは塩をして脱水させ、皮をはいで小さめの角切りにする。
　　明太子半量はレモンExオリーブオイルでマリネしておく。

▷ たらこクリームを作る＆パスタをゆでる

2　小鍋にExオリーブオイル、にんにく、**1**のたら、バターを入
　　れて弱火にかけ、にんにくの香りを立たせる（ a ）。

3　スパゲッティは塩分濃度1.5％の湯でゆで始める（ゆで時間10
　　分／P10）。

4　たらの色が変わり、にんにくが柔らかくなってきたら、ゆで汁
　　55㎖、魚醤を加え（ b ）、ひと混ぜして火を止める。

5　**4**を容器に入れ、ブレンダーで攪拌してクリーム状にする（ c ）。

▷ 仕上げる

6　ボウルに**5**のたらクリーム、残りの明太子を入れ、ゆで上がっ
　　たスパゲッティとゆで汁少量を加えて和える（ d ）。明太子が半
　　生状態になったら皿に盛る。

7　**6**に**1**の明太子、刻みのりをのせる。

L'aroma
乾燥ポルチーニの
森の香り

L'aroma
白トリュフの
リッチな香り

L'aroma
パルミジャーノの
コクのあるリッチな香り

L'aroma
マルサラ酒の
甘い香り

ポルチーニの
コンソメパスタ

Brodo di pollo Porcini secchi Spaghettini

鶏だしに、ポルチーニの旨味、マルサラ酒を加えた
芳醇なコンソメ。細めのパスタを合わせ、仕上げの
パルミジャーノレッジャーノの繋ぎで完結します。

材料（2人分）

カッペリーニ（P70）…140g
鶏のブロード（一番出汁／P17）…300㎖
ポルチーニ（乾燥）…10g
マルサラ酒…5㎖
　（甘口と辛口の中間のセミセッコを使用／
　マデラ酒またはポルト酒で代用OK）
白トリュフオイル…1適
パルミジャーノレッジャーノチーズ…少量
Exオリーブオイル（ロレンツォNo5）…20㎖

1　鍋に鶏のブロード、ポルチーニを入れて冷蔵庫で1時
　間ほどつけておく（a）。

2　1をシノワで濾し、弱火にかけ、マルサラ酒を加えて
　香りを足す。

3　カッペリーニは塩分濃度1.5％の湯で1分ほどゆでる
　（P10）。

4　ボウルに白トリュフオイルを入れ、ゆで上がった3を
　加えて和える。

5　皿に4を盛り、温めた2を注ぎ、Exオリーブオイル
　を加え、パルミジャーノレッジャーノチーズをすりお
　ろす。

POINT

浸けておく時間がない場
合は、鶏のブロードにポ
ルチーニを入れて中火に
かけ、80℃まで上げたら
弱火に落とし、5分ほど
色が出るまで加熱する。

a

L'aroma
パンチェッタの香ばしく
焼いたスモーキーな香り

L'aroma
柔らかい卵の香り

L'aroma
ローストした黒こしょうの香り

だしボナーラ

Uova Dashi Pepe

定番のカルボナーラに出汁の旨味を合わせ、
軽やかさと奥行きを出しました。
入れる出汁によって表情を変える、
変形自在なオリジナルカルボナーラ。

（材料（2人分）

スパゲッティーニ（マンチーニ社1.8mm）…140g
　（またはバリラ社1.6mmのテフロン加工のパスタ）
パンチェッタ…50g（またはベーコン）
昆布のブロード（P19）…150mℓ
　（あさりのブロード（P20）でもOK）
卵黄…2個
全卵…2個
濃口しょうゆ…1適
粗びき黒こしょう
　（あればマリチャ社のアロマティコ）…適量

POINT

a

脂は取りすぎるとコクがなくなるので、半分取るのがポイント。

1　パンチェッタは薄めの棒状に切る。

2　フライパンに **1** を入れ、極弱火からじっくり加熱していく。

3　スパゲッティーニは塩分濃度1.5％の湯で、ゆで始める（ゆで時間9分／P10）。

4　**2** がカリカリになったら余分な脂をペーパータオルで半分取り除き（**a**）、昆布のブロードを加え、火を止めておく。

5　ボウルに卵を割り入れ、こしを切って混ぜ合わせ、しょうゆを垂らす。

6　ゆで上がる1分30秒前にスパゲッティーニを **4** に加えて合わせ、中〜強火にかけてソースを吸わせる。

7　**6** を弱火にし、軽く湯気が出るか出ないかのところで **5** を加え、ソースにとろみをつける。

8　皿に **7** を盛り、粗びき黒こしょうをかける。

まぐろとフルーツトマトの
カッペリーニ

Tonno pomodoro Barsamico

お寿司の要素から創造した常温パスタです。
色にフォーカスをあて、まぐろとトマトを合わせ、
旨味を重ねました。バルサミコの酸で完結します。

L'aroma
ミニルッコラの野性の
ごまのような香り

L'aroma
アメーラトマトの
青みがかった
フレッシュな香り

L'aroma
にんにくの
パンチのある香り

L'aroma
バルサミコの樽熟成した
赤ぶどうの香り

L'aroma
Exオリーブオイルの
フレッシュな香り

材料（2人分）

カッペリーニ（ディ・チェコ社）…80g
アメーラトマト…3個
まぐろ（赤身／薄いそぎ切り）…40g
にんにく（潰す）…5g
ミニルッコラ…適量
天然塩…適量
バルサミコ（あればドゥエヴィットーリエ社）…5㎖＋3滴
Exオリーブオイル…20㎖＋15㎖＋10㎖

───── Fabio Pasta Select ─────

カッペリーニ
素麺（小豆島素麺）で代用してもOK。

▷ 下準備

1　湯むき用に鍋に湯を沸かしておく。トマトは包丁でヘタをくり抜き、お尻に切り目を入れ、5秒ほどゆでたら氷水に落とし、温度差で皮をむく。ペーパータオルでしっかり水分を拭く（a）。

2　1のトマトを4等分のくし形切りにしてボウルに入れ、しっかりめに塩をして浸透圧で水分を出し切る（b）。Exオリーブオイル20㎖を加え、乳化状態にしておく。

3　まぐろをバットに並べて塩をし（c）、脱水させたら、ペーパータオルで水分を拭き取り、にんにくを上にのせて、Exオリーブオイル15㎖をかけ、にんにくの香りを入れる（d）。

4　2をシノワで濾しながらトマト水を3に加え（e）、10分ほどマリネして漬け状態にしておく。濾したトマトはボウルに入れておく。

▷ パスタをゆでる

5　カッペリーニは塩分濃度1.6％の湯で、袋の表記の時間より2分ほど長くゆで（P10）、1.6％の塩を加えた氷水に落とす。

▷ 仕上げる

6　4のボウルにマリネしたまぐろを加えて和え、バルサミコ5㎖を加える。

7　5のカッペリーニはペーパータオルで水けをしっかりと拭き取り、6に加えてなじませる（f）。

8　皿に7を盛り、バルサミコ3滴をかけ、ミニルッコラをのせ、Exオリーブオイル10㎖を回しかける。

L'aroma
はまぐりの
炙った磯の香り

L'aroma
にんにくの軽く
ローストした香り

L'aroma
花穂じその
さわやかな香り

L'aroma
すだちの青みのある
フレッシュで
さわやかな香り

はまぐりとすだちの
冷製パスタ

Fasolari Sudaci fedelini

コースの流れをリセットする狙いで
創造したパスタです。はまぐりの旨味を吸わせ、
すだちの酸で味を締めたら、
キンキンに冷やして楽しみます。

材料（2人分）

スパゲッティーニ（パスティフィーチョ・ディ・
　カンピ社1.3mm）… 100g
　（またはディ・チェコ社のフェデリーニ）
はまぐり… 2個
あさりのブロード（P20）… 180㎖
にんにく（軽く漬す）… 3g
赤唐辛子（あればカラブリア唐辛子）… 1本
すだち果汁… 1/2個
すだちの皮… 適量
花穂じそ… 少量
Exオリーブオイル（あればロレンツォNo 3）… 10㎖

POINT

a

出汁の中でも汁を吸わせ
る。ボウルには氷のみを
入れ、水は入れない。

1　フライパンににんにく、赤唐辛子、Exオリーブオイ
　　ルを入れて弱火にかける。にんにくの香りが立ち、軽
　　く色づいたら、はまぐり、あさりのブロードを加え、
　　蓋をして加熱する。

2　はまぐりの口が開いたらひっくり返し、身がぷっくり
　　したら殻を外し、身はフライパンのあさりのブロード
　　に浸けて保温しておく。

3　スパゲッティーニを塩分濃度1.5％の湯で7分ほど柔
　　らかくゆでる（P10）。

4　3がゆで上がったら2のはまぐりを取り出し、スパ
　　ゲッティーニを30秒ほど2のブロードの中で弱めの
　　中火で加熱し、氷を張ったボウルにあてる。ボウルの
　　中でパスタを冷やしながらソースにも濃度をつけてい
　　く（a）。すだちは果汁を搾って味のバランスを作る。

5　4のはまぐりはバーナーで炙る。

6　冷やしておいた皿に4を盛って5をのせ、すりおろ
　　したすだちの皮と穂じそを散らす。

※スパゲッティーニ（パスティフィーチョ・ディ・カンピ
　社1.3mm）は手に入らないことがあります。その場合は、
　ディ・チェコ社のフェデリーニで代用してください。

L'aroma
バジルのワイルドで
さわやかな香り

L'aroma
松の実のローストした
ナッティな香り

L'aroma
ミニバジルの
さわやかで軽い香り

するめいかとズッキーニの
冷製ジェノヴェーゼ

Pesto Totani Zucchine

ねっとりとした極薄いかのマリネ、旨味のしらす、
ズッキーニのスライスをフジッリに絡めながら、
ペストジェノベーゼの爽快感を冷製で楽しみます。

材料（2人分）

フジッリ…120g
　（ゆで時間通常13分）
するめいか…40g
あさりのブロード（P20）
　…90㎖
しらす干し…15g
ズッキーニの皮…30g
天然塩…適量
ミニバジル…適量
Exオリーブオイル（あれば
　ロレンツォNo 3）…適量

【バジルソース】
バジル…50g
A｜松の実（ロースト
　｜したもの）…10g
　｜にんにく…3g
　｜Exオリーブオイル
　｜…80㎖
　｜ペコリーノロマーノ
　｜チーズ…5g
天然塩…ひとつまみ

POINT

バジルは熱に弱いので、
容器とブレンダーのアタ
ッチメントはギリギリま
で冷やしておく。

a

1　するめいかは皮と軟骨、くちばしを取り除いて塩をし
　て脱水させ、胴の部分をバットにのせて冷凍庫で24
　〜48時間凍らせておく。

2　容器に A を入れ、ブレンダーでペースト状になるまで
　攪拌させる。

3　葉脈を取り除いたバジルを加え、2 のペーストをゴム
　ベラで絡ませてコーティングし（a）、塩を加えて一気
　にブレンダーで攪拌させる。

4　フジッリを塩分濃度1.6％の湯で23分ほどゆでる
　（P10）。ゆで上がったら、塩分濃度1.6％の氷水に入れ
　て締め、ザルにあげる。さらにペーパータオルでしっ
　かりと水分を拭き取る。

5　ズッキーニはスライサーで皮を厚めにむき、縦に細く
　切ったら、30秒ほどゆでて氷水に落としておく。

6　1 のいかは凍ったままスライサーで薄くスライスし、
　Exオリーブオイル適量と合わせてマリネしておく。

7　ボウルに 3、あさりのブロードを入れてのばし、5
　と 4 を加えて和える。

8　7 はセルクルをのせて冷やしておいた皿に盛り、7
　の残ったバジルソース、Exオリーブオイル適量をふり、
　6、しらす干し、ミニバジルをきれいに飾る。

オイルと調味料、食材のこと

Exオリーブオイルとは、料理の風味と香りをプラスする天然調味料

　オリーブオイルとは原始的な方法でオリーブの実を圧搾して搾ったフレッシュのジュースのことを指します。

　パスタ料理の味わいを支える一番のベースになるので、もちろん鮮度のいいものを使えば、おいしい料理を作ることができます。イタリアのオリーブオイルは約500品種あり、オリーブの産地によっても特徴があります。風味や味わいも全く異なるため、料理によって使い分ける必要がありますが、基本的にいいオイルであれば調理方法を選びません。あくまでも油ではありますが、「調味料」という感覚を持つことで料理の視野が広がり、心地よいおいしさを作り出します。

01　ロレンツォNo1
搾油方法：臼挽き
シチリアで有機農法のオリーブだけを使用。ピリッとした辛味と苦味が感じられ、色味は深いグリーン色が印象的。

03　ロレンツォNo5
搾油方法：種抜き
種を抜いてから搾油することで雑味が全くなく柔らかでマイルドなオイル。繊細な料理と合わせる。

02　ロレンツォNo3
搾油方法：打ちつぶし
同じくロレンツォシリーズ。青み、オリーブのフレッシュさがあり、口あたりは柔らかくマイルド。

04　レモンExオリーブオイル
プーリア産サントーロ農園で収穫されたレモンとオリーブを一緒に搾油したExオリーブオイル。レモンの柔らかい風味が特徴。

＋おすすめオイル

チリ産アイコノオリーブオイル

スパイシーさとまろやかさが絶妙なバランスで、グリーントマトのようなフレッシュな香りとローストしたアーモンドのような心地よいオリーブオイル。

よい天然調味料を探し出し、
それを巧みに使いこなす

　調味料には2種類あり、化学調味料と天然
調味料に分けられます。僕の料理のポリシー
は「天然調味料を徹底する」こと。とはいえ、
僕も化学調味料に舌が侵されてしまっていた
一人です。旨味調味料は、舌がおいしいと感
じるようにできているため、味はおいしいけ
れど後味が不自然だったり、料理の香りや風
味がほとんど感じられないデメリットもありま
す。その反面、日本の天然調味料は、とても
レベルが高いと感じており、食材のレベルが
高くなくても、よい天然調味料を使うことに
よって、そのポテンシャル以上の魅力を引き
あげることができると思います。

01　バルサミコ
ドゥエヴィットーリエ社の15年熟成
もの。甘味と酸味のバランスが素晴ら
しく、はちみつのような感覚で料理に
深みを与える。

02　鮎の魚醤
素材の旨味を引き上げる天然旨味調味
料。魚醤特有の臭みが全くなく、どん
な料理でも合わせられる僕の料理に必
須のアイテム。

03　肉醤
九州産鶏レバーと心臓と塩のみを混ぜ
て熟成発酵させた醤。ソースや煮込み
料理の奥行きやコク出しに使用。

04　一味唐辛子
京都ぢんとらの一味唐辛子。好みによ
って辛さはオーダー式。パプリカのよ
うな甘い香りが特徴。仕上げに辛さの
奥行きを出すために使う。

05　ンドゥイヤ
サンヴィンチェンツォ社。豚バラ肉と
唐辛子を熟成させたパテ。辛さ控えめ、
個性的な発酵の香りとパプリカの甘い
香り、豚のコクに甘味がある。

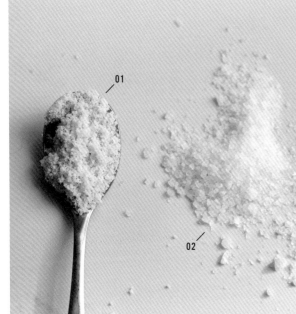

天然塩を無数に使い分ける

　塩には基本、素材の味を引き出す塩と料理の味を決める仕
上げの塩があります。僕の料理は仕上げ段階で塩を打つこと
は基本的にしません。あくまでも、その食材の魅力を最大限
に引き出すことが大事なので、その料理を「塩味」にしない
こと。塩味を主役にしない程度の繊細な仕事をします。まず
は食材の中にある無駄な自由水を塩の浸透圧で抜いてあげる
ことがおいしい料理への第一歩。ミネラルの多い天然塩を使
い、素材を起こしてあげるイメージで繊細に塩を打ちます。

01　粟国の塩
無数にあるおすすめの中で手ごろ
に手に入りやすいものが沖縄の粟
国の塩。味に丸みや奥行きがあり、
ほんのり甘味があるのが特徴。

02　天日海塩
リザール サーレグロッソ、サル
デーニャ島の海塩を使用。味がま
ろやかな上、力強さもしっかりと
あり、パスタをゆでるのに適する。

01 ゼスターグレーター

マイクロプレインは錆びにくく切れ味が鋭い。片刃のため逆方向に洗えば、簡単にカスを落とせる。仕込み用、仕上げ用で使い分ける。

04 くりぬき器

イタリア時代から使っている道具。食材をよりPOPにデザインすることができ、食材の掃除にも使用。

02 ハンドブレンダー

デロンギのハンドブレンダーは馬力があり、ブレードのアタッチメントの作りが平型になっていて、ソース作りしやすい形が特徴。

05 スパトリーナ

盛りつけの際、ソースをきれいにペイントするときに使う他、食材をのせたり、生クリームをナッペするときに使用する。

03 シノワ

繊細なソース作りに欠かせない道具で、ザルとしても使える。いい料理を作るには必需品。

06 セルクル

パスタなどの料理を凛とした佇まいにさせ、美しく盛りつけたいときに。基本は70mm、ペンネなどでは11mmを使用。

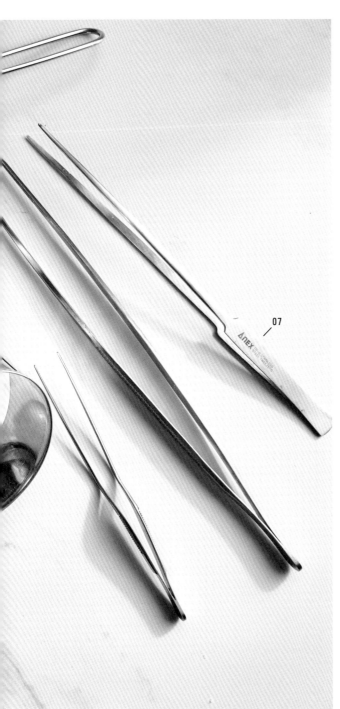

道具にこだわれば
ワンランク上の
おいしさを味わえる

　イタリア時代に料理のベースを固めてきた僕の手周り道具は、実際にイタリアの厨房をのぞけば必ずあるものばかりです。まずはブロードを作るためにシノワを使い、木の作業台にずっしりと佇むインペリアの電動パスタマシンのスイッチを入れ、機械の音を聞きながら、仕事のリズムを刻み、その日使うパスタを製麺するところから始まる1日。スケッパーでアペルティーボ（食前酒）用スナックの仕込みをし、くり抜き機で食材をPOPにし、ハンドブレンダーできめ細かいソースの仕込み。そしていざ営業となれば、セルクルで形を決め、その中にピンセットを使いパスタ料理を素早く収める。そして仕上げにマイクロプレインで香りを奏でる。この道具たちには僕の料理魂が詰まっています。

07　ピンセット
パスタ料理の方向性、麺の太さに応じてピンセットの太さを合わせる。小さいピンセットは細かい仕事に常に使う必需アイテム。

08　スケッパー
仕込みの際、切った食材を運ぶのに便利。また、手打ちパスタの生地作りにも欠かせない。

09　パスタマシン
加水率少なめで押し出せるインペリアの万能製麺マシン。カッターで切断するタイプと押し出すタイプ、手動式、電動式がある。

in conclusione

あなたの料理をよりおいしくさせ、食べた人の笑顔を作り出したい

　学生時代、料理人として10年経った頃には、料理本を出すことをひとつの目標としていました。本が好きだったこともあり、ありとあらゆる世界中のレシピ本や図鑑を読み漁って、レシピも無数に書いてきました。今回、出版依頼をいただいたときは、料理を始めた頃の感情に戻ってしまうような、嬉しい反面、不思議な感覚がありました。

　初めてのレシピ本を無事作り終えることができたのは、僕の仕事を理解して応援してくれている家族の存在と、僕のことをいつも愛のある激励をし、正しい方向に導いてくれるマネージャーの存在が全てです。

　この本の依頼をしてくださったナツメ出版企画さん、この本を一緒に制作し、わがままな僕の要求に応えてくれたSORA企画さんをはじめ、カメラマン、スタイリスト、デザイナー、今回お皿を提供してくださった大橋洋食器さん、この場を借りて心からお礼申し上げます。

　僕は才能に特別恵まれているタイプの人間ではありません。今の僕を知らない人たちは、そう思わないかもしれませんが。

　なんとか料理人を辞めずに続けてこれたのは、お店に所属していなくても、料理への変わらぬ好奇心と、ただただ料理が好きという一途な気持ちと、いつでも感動する気持ちを人一倍持ってるから。そしてなにより、料理人という職業に誇りをもっています。

　夢を抱いて飲食業界に入ったとしてもきつい現場や、才能があっても環境のせいで止むなく辞めてしまった同期や仲間をたくさん見てきました。

　どの世界でもシビアな環境はあると思いますが、飲食には悲しい現実があります。僕も落ちるところまで落ちて精神的にも追い込まれてきたので、根性論や精神論で戦われたら太刀打ちできません。

　辛いことから逃げ出してしまっても、才能がなくても、戦略的に進んでいけば、どんな状況でも自分の努力と意識次第で這い上がることができるということを、これからの活動で示していき、今を悩める20代の日本代表として、同じような思いをしている若者たちの心に寄り添えるような本になってくれたら嬉しいです。

　最後になりますが、この本があなたの料理をよりおいしくさせ、それを食べた人の笑顔を作り出してくれることが、僕の幸福であり何よりの願いです。

2021年7月　ファビオ

○ 食材別さくいん ○

肉類・肉加工品

【鶏肉】
パッパルデッレのカッチャトーラ ……… 100

【豚肉】
自家製サルシッチャ ……………… 015

【ひき肉】
ボロネーゼ……………………… 096

【トリッパ】
トリッパとれんこんのマルタリアーティ
……………………… 102

【ンドゥイヤ】
ンドゥイヤのアラビアータ ……………… 056

【グアンチャーレ・パンチェッタ】
ブカティーニアマトリチャーナ ……… 060
メッツェマニケの卵黄カルボナーラ …… 090
全卵カルボナーラ …………………… 092
だしボナーラ ………………………… 113

【生ハム】
ボロネーゼ …………………………… 096

魚介類・魚介加工品

【あさり】
スパゲッティアッレボンゴレ …………… 028
ペスカトーレ ………………………… 058
ロンブリケッリのだしボンゴレ ………… 108

【アンチョビ】
キャベツとアンチョビのペペロンチーノ
…………………………… 033
イタリアンパセリのチェタレーゼ ……… 041
トマトペーストとアンチョビの
　スパゲッティーニ ………………… 063
パッパルデッレのカッチャトーラ ……… 100

【いか】
ハーブいか墨ペペロンチーノ …………… 030
やりいかと魚醤バターのタリオリーニ … 034
ペスカトーレ ………………………… 058
魚介のミネストラ …………………… 104
するめいかとズッキーニの
　冷製ジェノヴェーゼ ……………… 117

【いくら】
サーモンとのりクリームのマッケローニ
…………………………… 084

【いわし】
瞬間燻製いわしとパプリカのアラビアータ
…………………………… 054

【えび・桜えび】
千両なすと甘えびのタルタルスパゲットーニ
…………………………… 038
ペスカトーレ ………………………… 058
えびのトマトクリームリングイーネ …… 080
魚介のミネストラ …………………… 104

【牡蠣】
牡蠣とごぼうのペペロンチーノ ………… 036
ペスカトーレ ………………………… 058

【かつお節】
ロンブリケッリのだしボンゴレ ………… 108

【カラスミ】
カリフラワーのペペロンチーノ ………… 024

【サーモン】
サーモンとのりクリームのマッケローニ
…………………………… 084

【しらす干し】
するめいかとズッキーニの
　冷製ジェノヴェーゼ ……………… 117

【たこ】
ペスカトーレ ………………………… 058
魚介のミネストラ …………………… 104

【たら】
明太子パスタ ………………………… 110

【たらこ・明太子】
北欧風たらこクリーム ………………… 082
明太子パスタ ………………………… 110

【はまぐり】
はまぐりとすだちの冷製パスタ ………… 116

【まぐろ】
まぐろとサフランのパン粉カサレッチェ
…………………………… 052
まぐろとフルーツトマトのカッペリーニ
…………………………… 114

海藻類

【生青のり】
生青のりのペペロンチーノ …………… 032
ペスカトーレ ………………………… 058
サーモンとのりクリームのマッケローニ
…………………………… 084

【焼きのり・刻みのり】
ペスカトーレ ………………………… 058
明太子パスタ ………………………… 110

野菜

【青じそ】
ハーブいか墨ペペロンチーノ …………… 030

【青唐辛子】
生青のりのペペロンチーノ …………… 032

【アマランサス】
牡蠣とごぼうのペペロンチーノ ………… 036

【カリフラワー】
カリフラワーのペペロンチーノ ………… 024

【キャベツ】
キャベツとアンチョビのペペロンチーノ
…………………………… 033

【クレソン】
サーモンとのりクリームのマッケローニ
…………………………… 084

【ごぼう】
牡蠣とごぼうのペペロンチーノ ………… 036

【ズッキーニ・ズッキーニの皮】
ロンブリケッリのだしボンゴレ ………… 108
するめいかとズッキーニの
　冷製ジェノヴェーゼ ……………… 117

【セロリ】
ソフリット …………………………… 014

【玉ねぎ・赤玉ねぎ】
ソフリット …………………………… 014
自家製サルシッチャと赤玉ねぎのピーチ
…………………………… 040
濃厚トマトのスパゲッティ …………… 050
まぐろとサフランのパン粉カサレッチェ
…………………………… 052
カッチョエペペ ……………………… 076

【トマト・ミニトマト】
スパゲッティアッレボンゴレ …………… 028
自家製サルシッチャと赤玉ねぎのピーチ
…………………………… 040
丸ごとトマトのスパゲッティーニ ……… 046
ソレント風ミニトマトのスパゲッティーニ
…………………………… 062
まぐろとフルーツトマトのカッペリーニ
…………………………… 114

【裏ごしトマト・トマトペースト・トマト缶】
ハーブいか墨ペペロンチーノ …………030
濃厚トマトのスパゲッティ …………050
まぐろとサフランのパン粉カサレッチェ
………………………………………052
瞬間燻製いわしとパプリカのアラビアータ
………………………………………054
にんにくトマトのスパゲッティーニ …055
ンドゥイヤのアラビアータ …………056
ペスカトーレ …………………………058
ブカティーニアマトリチャーナ …………060
トマトペーストとアンチョビの
スパゲッティーニ …………………063
えびのトマトクリームリングイーネ …080
ボロネーゼ ……………………………096
パッパルデッレのカッチャトーラ …100
トリッパとれんこんのマルタリアーティ
………………………………………102
魚介のミネストラ ……………………104

【なす】
千両なすと甘えびのタルタルスパゲットーニ
………………………………………038

【菜の花】
魚介のミネストラ ……………………104

【にんじん】
ソフリット ……………………………014

【花穂じそ】
ロンブリケッリのだしボンゴレ …………108
はまぐりとすだちの冷製パスタ …………116

【パプリカ】
瞬間燻製いわしとパプリカのアラビアータ
………………………………………054

【ミニルッコラ】
まぐろとフルーツトマトのカッペリーニ
………………………………………114

【芽ねぎ】
生青のりのペペロンチーノ ……………032
ロンブリケッリのだしボンゴレ …………108

【れんこん】
トリッパとれんこんのマルタリアーティ
………………………………………102

きのこ類

【ポルチーニ】
ポルチーニのコンソメパスタ …………112

いも類

【じゃがいも】
カッチョエペペ ………………………076

卵

タリアテッレ …………………………064
タリオリーニ …………………………068
カッペリーニ …………………………070
パッパルデッレ ………………………071
マルタリアーティ ……………………071
メッツェマニケの卵黄カルボナーラ …090
全卵カルボナーラ ……………………092
だしボナーラ …………………………113

乳製品

【牛乳】
ボロネーゼ ……………………………096

【チーズ】
丸ごとトマトのスパゲッティーニ …046
濃厚トマトのスパゲッティ …………050
ブカティーニアマトリチャーナ …………060
カッチョエペペ ………………………076
メッツェマニケの卵黄カルボナーラ …090
全卵カルボナーラ ……………………092
ボロネーゼ ……………………………096
ポルチーニのコンソメパスタ …………112
するめいかとズッキーニの
冷製ジェノヴェーゼ ………………117

【生クリーム】
えびのトマトクリームリングイーネ …080
北欧風たらこクリーム ………………082
サーモンとのりクリームのマッケローニ
………………………………………084

【ヨーグルト】
瞬間燻製いわしとパプリカのアラビアータ
………………………………………054

果実類・果実加工品

【グリーンオリーブ】
パッパルデッレのカッチャトーラ …100

【すだち果汁・すだちの皮】
はまぐりとすだちの冷製パスタ …………116

【レモン汁・レモンの皮】
千両なすと甘えびのタルタルスパゲットーニ
………………………………………038
イタリアンパセリのチェタレーゼ ………041

ソレント風ミニトマトのスパゲッティーニ
………………………………………062
えびのトマトクリームリングイーネ …080
北欧風たらこクリーム ………………082

種実類

【ピスタチオ】
千両なすと甘えびのタルタルスパゲットーニ
………………………………………038

【松の実】
イタリアンパセリのチェタレーゼ ………041
まぐろとサフランのパン粉カサレッチェ
………………………………………052
するめいかとズッキーニの
冷製ジェノヴェーゼ ………………117

ハーブ類

【イタリアンパセリ】
カリフラワーのペペロンチーノ …………024
スパゲッティアッレボンゴレ …………028
ハーブいか墨ペペロンチーノ …………030
キャベツとアンチョビのペペロンチーノ
………………………………………033
やりいかと魚醤バターのタリオリーニ …034
牡蠣とごぼうのペペロンチーノ …………036
自家製サルシッチャと赤玉ねぎのピーチ
………………………………………040
イタリアンパセリのチェタレーゼ ………041
にんにくトマトのスパゲッティーニ …055
ペスカトーレ …………………………058
トマトペーストとアンチョビの
スパゲッティーニ …………………063
クリームベースペペロンチーノ …………086
ボロネーゼ ……………………………096
パッパルデッレのカッチャトーラ …100
トリッパとれんこんのマルタリアーティ
………………………………………102

【木の芽】
ロンブリケッリのだしボンゴレ …………108

【タイム】
千両なすと甘えびのタルタルスパゲットーニ
………………………………………038
パッパルデッレのカッチャトーラ …100
魚介のミネストラ ……………………104

【ディル】
北欧風たらこクリーム …………………082

【バジル・ミニバジル】
丸ごとトマトのスパゲッティーニ ………046

濃厚トマトのスパゲッティ ‥‥‥‥‥‥050
ソレント風ミニトマトのスパゲッティーニ
‥‥‥‥‥‥‥‥‥‥‥‥‥062
魚介のミネストラ ‥‥‥‥‥‥‥‥104
するめいかとズッキーニの
　冷製ジェノヴェーゼ ‥‥‥‥‥‥117

【フェンネル・フェンネルシード】
自家製サルシッチャ ‥‥‥‥‥‥‥015
まぐろとサフランのパン粉カサレッチェ
‥‥‥‥‥‥‥‥‥‥‥‥‥052

【ローズマリー】
自家製サルシッチャ ‥‥‥‥‥‥‥015
ボロネーゼ ‥‥‥‥‥‥‥‥‥‥‥096
パッパルデッレのカッチャトーラ ‥‥‥100
トリッパとれんこんのマルタリアーティ
‥‥‥‥‥‥‥‥‥‥‥‥‥102

【ロックチャイブ】
瞬間燻製いわしとパプリカのアラビアータ
‥‥‥‥‥‥‥‥‥‥‥‥‥054

漬け物類

【ケッパー】
イタリアンパセリのチェタレーゼ ‥‥‥041

粉類

【0粉】
タリアテッレ ‥‥‥‥‥‥‥‥‥‥064
ピーチ ‥‥‥‥‥‥‥‥‥‥‥‥064
ロンブリケッリ ‥‥‥‥‥‥‥‥‥066
小麦粉のニョッキ ‥‥‥‥‥‥‥‥067
タリオリーニ ‥‥‥‥‥‥‥‥‥‥068
フェットゥッチャ ‥‥‥‥‥‥‥‥068
カッペリーニ ‥‥‥‥‥‥‥‥‥‥070
パッパルデッレ ‥‥‥‥‥‥‥‥‥071
マルタリアーティ ‥‥‥‥‥‥‥‥071

【セモリナ粉】
ピーチ ‥‥‥‥‥‥‥‥‥‥‥‥064

【パン粉】
モッリーカ ‥‥‥‥‥‥‥‥‥‥‥015
イタリアンパセリのチェタレーゼ ‥‥‥041

その他

【エディブルフラワー】
魚介のミネストラ ‥‥‥‥‥‥‥‥104

◎ パスタ別さくいん ◎

【いか墨スパゲッティ】
ハーブいか墨ペペロンチーノ ‥‥‥‥030

【カサレッチェ】
まぐろとサフランのパン粉カサレッチェ
‥‥‥‥‥‥‥‥‥‥‥‥‥052

【カッペリーニ】
ポルチーニのコンソメパスタ ‥‥‥‥112
まぐろとフルーツトマトのカッペリーニ
‥‥‥‥‥‥‥‥‥‥‥‥‥114

【キタッラ2.0mm】
スパゲッティアッレボンゴレ ‥‥‥‥028

【小麦粉のニョッキ】
北欧風たらこクリーム ‥‥‥‥‥‥‥082

【コンキリエ】
ペスカトーレ ‥‥‥‥‥‥‥‥‥‥058

【スパゲッティ1.6mm】
キャベツとアンチョビのペペロンチーノ
‥‥‥‥‥‥‥‥‥‥‥‥‥033

【スパゲッティ1.8mm】
全卵カルボナーラ ‥‥‥‥‥‥‥‥092

【スパゲッティ1.9mm】
牡蠣とごぼうのペペロンチーノ ‥‥‥036
明太子パスタ ‥‥‥‥‥‥‥‥‥‥110

【スパゲッティ2.2mm】
カリフラワーのペペロンチーノ ‥‥‥024
イタリアンパセリのチェタレーゼ ‥‥‥041
濃厚トマトのスパゲッティ ‥‥‥‥‥050
クリームベースペペロンチーノ ‥‥‥086

【スパゲッティーニ1.3mm】
はまぐりとすだちの冷製パスタ ‥‥‥116

【スパゲッティーニ1.55mm、1.6mm】
丸ごとトマトのスパゲッティーニ ‥‥‥046
にんにくトマトのスパゲッティーニ ‥‥‥055
ソレント風ミニトマトのスパゲッティーニ
‥‥‥‥‥‥‥‥‥‥‥‥‥062
トマトペーストとアンチョビの
　スパゲッティーニ ‥‥‥‥‥‥‥063

【スパゲッティーニ1.8mm】
だしボナーラ ‥‥‥‥‥‥‥‥‥‥113

【スパゲットーニ2.4mm】
千両なすと甘えびのタルタルスパゲットーニ
‥‥‥‥‥‥‥‥‥‥‥‥‥038

【タリアテッレ】
ボロネーゼ ‥‥‥‥‥‥‥‥‥‥‥096

【タリオリーニ】
やりいかと魚醤バターのタリオリーニ ‥‥034
カッチョエペペ ‥‥‥‥‥‥‥‥‥076

【パッパルデッレ】
パッパルデッレのカッチャトーラ ‥‥‥100

【ピーチ】
自家製サルシッチャと赤玉ねぎのピーチ
‥‥‥‥‥‥‥‥‥‥‥‥‥040

【フェットゥッチャ】
生青のりのペペロンチーノ ‥‥‥‥‥032

【ブカティーニ】
ブカティーニアマトリチャーナ ‥‥‥‥060

【フジッリ】
するめいかとズッキーニの
　冷製ジェノヴェーゼ ‥‥‥‥‥‥117

【ペンネリガーテ】
瞬間燻製いわしとパプリカのアラビアータ
‥‥‥‥‥‥‥‥‥‥‥‥‥054
ンドゥイヤのアラビアータ ‥‥‥‥‥056

【マッケローニ】
サーモンとのりクリームのマッケローニ
‥‥‥‥‥‥‥‥‥‥‥‥‥084

【マルタリアーティ】
トリッパとれんこんのマルタリアーティ
‥‥‥‥‥‥‥‥‥‥‥‥‥102

【ミスタ・コルタ】
魚介のミネストラ ‥‥‥‥‥‥‥‥104

【メッツェマニケ】
メッツェマニケの卵黄カルボナーラ ‥‥090

【リングイーネ】
えびのトマトクリームリングイーネ ‥‥‥080

【ルマコーニ】
ペスカトーレ ‥‥‥‥‥‥‥‥‥‥058

【ロンブリケッリ】
ロンブリケッリのだしボンゴレ ‥‥‥‥108

ENCICLOPEDIA ALIMENTARE

本書のレシピに使用したこだわりの食材と調味料。ぜひ、取り入れて本格パスタを楽しんでください。

トマト加工品

【ダッテリーニトマト缶】
小さく縦に長い形のダッテリーニトマトの水煮缶。濃厚な甘味と穏やかな酸味が特徴。

【トマトペースト】
トマトピューレを煮詰めて濃くしたもの。トマトの凝縮された旨味と深いコクがある。

【ドライトマト】
トマトを乾燥させたもの。干すことで旨味が凝縮。オイル漬けや水で少し戻して使う。

【パッサータディポモドーロ】
イタリア産のトマトを裏ごししたもの。濃厚でコクがあり、トマトソースに欠かせない。

【ミニトマト(優糖星)】
糖度が8度以上の和歌山県産のブランドトマト。香りと酸味がありつつ、甘味も強い。

肉・魚加工品・内臓

【アンチョビ】
イタリア発祥で、カタクチイワシを塩漬けして加工した発酵食品。旨味と塩けが濃い。

【からすみ】
ボラの卵黄を塩漬けして乾燥したもの。本書ではレモンチェロで漬けたものを使用。

【グアンチャーレ】
豚ほほ肉(豚トロ部分)を塩漬け・熟成したもの。脂の濃厚なコクと甘味が特徴。

【トリッパ】
牛の胃袋のことで「ハチノス」を指す。入念な下処理で臭みを取ってから使用する。

ハーブ

【アマランサス】
マイクロハーブの一種。深く鮮やかな赤色と細い葉、ほのかな土の香りが感じられる。

【イタリアンパセリ】
セリ科のハーブで、さわやかな芳香が特徴。トッピングの他、ソースにも用いられる。

【エディブルフラワー】
食用花のこと。ドライフラワーと生花の2種類。サラダやパスタの彩りとしても最適。

【木の芽】
和のハーブで、山椒の若葉。さわやかでほのかな香り。手で叩くと香りが強く出る。

【タイム】
シソ科のハーブで、独特の清々しい芳香を持つ。魚、肉、トマトなどと相性がよい。

【ディル】
セリ科のハーブで、さわやかな香りとほろ苦さが特徴。魚介類と相性がよいのが特徴。

【バジル】
シソ科メボウキ属の多年草。甘くてフレッシュで深みのある香り。トマトとよく合う。

【フェンネル】
別名ウイキョウと呼ばれるセリ科の多年草。少し甘味があるさわやかな香りが特徴。

【花穂じそ】
和のハーブで、しその芽に花が咲きはじめたもの。ほのかな青じそのさわやかな香り。

【ミニバジル】
葉の小さいスィートバジルの小型種。香りはバジルと一緒で、料理のトッピングに。

【芽ねぎ】
発芽して間もないねぎを収穫したもの。やや辛味があり、さわやかな風味が特徴。

【ローズマリー】
シソ科のハーブで清涼感のある強い香りが特徴。肉や魚、トマトなどにも相性がよい。

【ロックチャイブ】
ユリ科ネギ属のマイクロハーブで、ピリッとスパイシーでさわやかな香りが特徴。

【ミニルッコラ】
5～6cmぐらいのルッコラのミニリーフ。ごまのような香りが特徴。トッピングに。

スパイス

【糸唐辛子】
辛味の少ない赤唐辛子を糸状に細く切ったもの。辛味はなく赤唐辛子の香りを楽しんで。

【カラブリア唐辛子】
南イタリアのカラブリア州で採れる赤唐辛子のこと。小粒で辛味が強く、香り高い。

【黒こしょう(アロマティコ＆カーモ)】
マレーシア産の最高品質の黒こしょう。カーモは塩漬けして燻製したスモーキーな香り。

【サフラン】
アヤメ科の多年草で、めしべを乾燥させた香辛料。独特な上品な香りと風味、色づけに。

調味料など

【カルピスバター】
シェフもこぞって愛用する軽い舌触りと芳醇な香りの高級バター。本書では無塩を使用。

【きび砂糖】
さとうきびを煮詰めて作られる砂糖。薄茶色でミネラル分、旨味成分が多いのが特徴。

【赤ワイン(カザーレベッキオ)】
果実味が濃く、ボリューム感のある濃厚赤ワイン。ボロネーゼのようなパスタソースに。

【白ワイン(シャルドネ)】
代表的な白ワイン用ブドウ品種。切れ味のある芳醇な味わい。カッチャトーラなどに。

【マルサラ酒】
イタリアのシチリア島で生産される伝統的な酒精強化ワイン。アルコール度数が高い。

【レモンチェロ】
南イタリア生まれのレモンを用いた度数の高い伝統的な甘味のあるリキュール。

果実・種実類

【グリーンオリーブ】
フレッシュなオリーブの塩水漬けのこと。青々しいフレッシュな香りと塩味が特徴。

【ピスタチオ】
ナッツの女王と呼ばれ、中でも、さわやかな香りと大豆のようなコクと風味を持つ。

【松の実】
食用の松ぼっくりの松傘の中に入っている種子。柔らかく、ほんのりとした甘さを持つ。

乳製品

【パルミジャーノレッジャーノチーズ】
北イタリアの特定地域で生産されたハードタイプのチーズ。芳醇な香りで旨味が強い。

【ペコリーノロマーノチーズ】
羊のミルクを原料にしたイタリア最古のチーズ。塩気が強く、ほのかな酸味と甘味とコクを味わえる。

【ヨーグルトグレコ】
ヨーグルトを一晩水きりしたクリームチーズのような味わいのギリシャヨーグルト。

その他

【セモリナ粉】
デュラム小麦を粗挽きにして作った小麦粉。弾力性に富み、パスタ作りに欠かせない。

【0粉】
イタリアの小麦粉で挽き方が細い方から00、0、1、2など。0粉は中力粉を指す。

【千両なす】
岡山や京都の特産物のなす。色つやがよく、果肉は柔らかく、歯切れがよいのが特徴。

【生青のり】
春先が旬で、香りが高く貴重な海藻。色合いも鮮やかで、磯の風味を感じられる。

著者紹介

ファビオ

16歳からイタリアに留学。19歳でローマ発足AISOオリーブオイルソムリエを取得する。20歳でドイツ、イタリアに渡り、大衆店から星つきレストランまで6年間修業。現在はYouTubeチャンネル「ファビオ飯／イタリア料理人の世界」やメディアで活動中。著書に『火入れを極めるファビオの肉料理』(ナツメ社)、『自分史上最高においしくできるファビオ式定番おうちごはん』(PHP研究所)がある。

YouTube ファビオ飯／イタリア料理人の世界

STAFF

撮影 ………………………… 鈴木泰介

デザイン ………………… 松本 歩（細山田デザイン事務所）

スタイリング ………… 大畑純子

イラスト ………………… ジェフリー・フルビマーリ

編集協力／執筆協力 … 丸山みき（SORA企画）

編集アシスタント …… 岩本明子（SORA企画）

編集担当 ………………… 梅津愛美（ナツメ出版企画）

器協力 …………………… 大橋洋食器
　　　　　　　　　　　新潟市中央区本町通8-1352
　　　　　　　　　　　TEL 025-228-4941（代）
　　　　　　　　　　　FAX 025-229-5652

出汁と素材の味を最大限に引き出す

ファビオのとっておきパスタ

2021年8月4日　初版発行
2024年7月10日　第6刷発行

著　者　ファビオ　　©fabio,2021
発行者　田村正隆
発行所　株式会社ナツメ社
　　　　東京都千代田区神田神保町1-52
　　　　ナツメ社ビル1F（〒101-0051）
　　　　電話　03-3291-1257（代表）
　　　　FAX　03-3291-5761
　　　　振替　00130-1-58661

制　作　ナツメ出版企画株式会社
　　　　東京都千代田区神田神保町1-52
　　　　ナツメ社ビル3F（〒101-0051）
　　　　電話　03-3295-3921（代表）

印刷所　図書印刷株式会社

ISBN 978-4-8163-7064-9　Printed in Japan

本書に関するお問い合わせは、書名・発行日・該当ページを明記の上、下記のいずれかの方法にてお送りください。
電話でのお問い合わせはお受けしておりません。
・ナツメ社webサイトの問い合わせフォーム
　https://www.natsume.co.jp/contact
・FAX(03-3291-1305)
・郵送（右記、ナツメ出版企画株式会社宛て）
なお、回答までに日にちをいただく場合があります。
正誤のお問い合わせ以外の書籍内容に関する解説・個別の相談は行っておりません。あらかじめご了承ください。

ナツメ社Webサイト
https://www.natsume.co.jp
書籍の最新情報（正誤情報を含む）は
ナツメ社Webサイトをご覧ください。